Dr MADELEINE PELLETIER

JUSTICE SOCIALE ?

PARIS (5e)

M. GIARD & É. BRIÈRE

LIBRAIRES-ÉDITEURS

16, RUE SOUFFLOT ET 12, RUE TOULLIER

1913

JUSTICE SOCIALE ?

Dr MADELEINE PELLETIER

JUSTICE SOCIALE?

PARIS (5e)

M. GIARD & É. BRIÈRE

LIBRAIRES-ÉDITEURS

16, RUE SOUFFLOT ET 12, RUE TOULLIER

1913

JUSTICE SOCIALE ?

CHAPITRE PREMIER

L'ÉTERNELLE INIQUITÉ

Pour se faire une idée exacte de la société présente point n'est besoin de lectures approfondies ; il suffit tout simplement de monter sur une des quelques impériales qui restent encore à nos omnibus parisiens et de se faire voiturer par lui, du centre à la périphérie de la ville. D'abord on parcourt de belles et larges rues bordées de maisons cossues au portail monumental. Quelques-unes, vieux hôtels particuliers, portent encore les orgueilleuses devises des dirigeants d'autrefois, « Dieu et mon droit », lit-on sur le portail d'un hôtel de la rue Saint-Honoré. Son droit, évidemment, il est naturel que chacun l'exige ; mais pourquoi graver ainsi son droit sur sa porte ; qu'a donc ce droit de supérieur aux

Pelletier

droits de tout un chacun. Le droit de la classe dirigeante moderne se fait moins tapageur ; mais il n'en opprime que mieux le droit des faibles. Aux vitrines des magasins sont des objets d'art, tableaux, statues, vases de prix, ou bien de riches étoffes, de merveilleuses dentelles, des bijoux étincelants. De temps à autre une librairie, des passants s'y arrêtent pour feuilleter les derniers volumes parus. Sur les trottoirs circulent des hommes et des femmes luxueusement vêtus, au maintien important. Sur la chaussée d'élégantes automobiles dont la trompe impérieuse fait ranger à sa droite le modeste omnibus.

Au bout d'une vingtaine de minutes de parcours le spectacle change ; petites vieilles maisons à porte étroite et basse, boutiques décrépites où se débite des vêtements d'occasion, de la fruiterie fanée, de la viande de cheval, des pommes de terre frites en cornet. Plus de libraires ; çà et là quelques boutiques de journaux où l'on vend en outre des carnets de blanchissage, des cahiers d'un sou pour les écoliers, du papier à lettre en feuilles pour la très rare correspondance. Des livres, il n'y en a plus guère que chez les brocanteurs, livres de prix et livres de messe écornés, avec quelques romans bon marché revendus pour quelques sous après lecture. Assises aux portes, des femmes

en cheveux, vêtues de cotonnade usagée, rac-
commodent des hardes, d'autres circulent le pa-
nier au bras en quête de provisions. Des enfants
mal vêtus, mal peignés, barbottent dans les ruis-
seaux. Parfois l'omnibus s'écarte pour éviter un
rassemblement ; dispute d'ouvriers ou de mé-
nagères ; les mots orduriers se croisent. Plus
loin c'est un ivrogne qui titube et de temps à
autre s'affale sur le trottoir.

L'omnibus va d'un pays à l'autre, mais les
habitants restent chacun dans le leur. Parfois on rencontre bien dans les quartiers aris-
tocratiques des gens des quartiers pauvres,
mais ils ne sont pas là chez eux. Le trottin avec
sa boîte à chapeaux, l'homme de peine avec son
crochet viennent là pour le service des riches.
Quant aux riches, on n'en rencontre jamais dans
ces quartiers lointains jusqu'où va l'omnibus.

Cependant l'homme et la femme de l'Avenue
de l'Opéra sont de la même espèce que l'homme
et la femme de Plaisance. Les uns comme les
autres ont un corps et un cerveau, ils parlent
à peu près la même langue, souffrent à peu
près des mêmes douleurs, jouissent à peu
près des mêmes joies. Les dissemblances ne
sont point de caráctère fondamental et seul
le genre de vie les crée. Pourquoi donc une
telle inégalité dans les conditions d'existence ?

Cette inégalité cependant, elle est presque aussi vieille que l'humanité. Dès que l'espèce humaine s'est trouvée capable de fixer pour la postérité ses impressions, il y a été question de deux classes d'hommes, maîtres et esclaves, patriciens et plébéeins, seigneurs et serfs, bourgeois et ouvriers

A toutes les époques on a assisté à des révoltes des « petites gens » contre les « grandes gens »; le plus souvent ces révoltes ont été écrasées ; les petites gens vaincus sont rentrés dans leurs « repaires » et ont repris le collier de misère et de servitude. Parfois cependant les petites gens, mieux préparés et plus persévérants, ont été victorieux, dans l'antiquité romaine, lors de la première Révolution française. Mais leur condition ne s'en est guère améliorée, un peu plus lentement, il est vrai ; mais quand même, ils ont dû regagner leur « repaire » et les choses peu à peu sont redevenues ce qu'elles étaient auparavant.

C'est à tort que certains prétendent que le peuple, en prenant la Bastille, combattait niaisement pour le mot creux de *Liberté*. Aux yeux du peuple d'alors (1) le changement de régime équivalait à une modification de situa-

(1) Carlyle, *Histoire de la Révolution Française*.

tion matérielle. Créer un ordre nouveau de choses, cela voulait dire que le peuple pourrait manger à sa faim sans trop de travail.

Les classes instruites se sont arrangées pour vider les formules de leur contenu substantiel ; cela fait, elle ne se sont plus opposées à ce qu'on les maintienne, écailles brillantes, elles renforçaient leur pouvoir en persuadant aux pauvres qu'ayant tout obtenu ils n'avaient plus rien à revendiquer.

A lire les manuels des historiens officiels il semblerait en effet qu'il n'y ait plus rien à désirer sous la troisième République. Les temps antérieurs à elle sont présentés comme une longue nuit durant laquelle le peuple français languissait sous le joug. Enfin la République vient ; elle grave sur les monuments sa triple devise émancipatrice, et alors c'en est fait, le jour luit ; la justice règne sur le pays ; tout est accessible à tous et ceux qui croupissent encore dans la misère et dans l'abjection n'ont plus à s'en prendre qu'à eux-mêmes. Mais qui a des yeux pour voir ne se laisse pas prendre à cette littérature. Qu'importe à celui qui est né à Plaisance la liberté ? Tout se passe pour lui comme si elle n'était pas ; sa situation ne serait pas pire dans un taudis analogue, au fond de Berlin, sous le régime despotique de Guillaume. La liberté de la presse ?

que peut bien en faire l'homme du peuple ? Il
est incapable d'écrire, incapable même de lire
avec discernement. Il lit tout de même, il est
vrai ; mais alors la liberté de la presse ne sert
qu'à le mieux duper, à l'amener à sanctionner
par son vote le pouvoir des riches.

Tout accessible à tous ; quelle duperie ! Où est
l'enfant d'ouvriers qui pourrait, sans être à bon
droit taxé de folie, dire : je veux être membre
de l'Institut, Ministre, Ambassadeur. L'enfant
bourgeois, lui, peut concevoir de telles espé-
rances tout en étant raisonnable. A ces grandes
situations, il est vrai, bien peu parviennent, mais
enfin tout enfant *mâle* qui naît dans la fortune
est appelé.

En somme, le seul progrès réalisé sur les
régimes anciens par le régime présent, a con-
sisté à masquer l'iniquité sous une phraséologie
démocratique. Le peuple s'était insurgé contre
des mots ; et bien on a changé les mots ; on a
mis les mots qu'il voulait: République, Suffrage
universel, Liberté, Laïcité, Solidarité. La réalité,
elle est restée ce qu'elle était.

Oh ! les formes, elles sont presque toutes irré-
prochables. Sur les murs des monuments publics,
on colle de temps à autre de grandes affiches
blanches : *Concours* pour ceci, *concours* pour
cela. Comme tout est juste sous la République !

Des places sont-elles vacantes, on ne les donne pas arbitrairement à tel ou à tel autre. Jamais, jamais, Monsieur ! la République est un régime d'équité. Les places vacantes sont affichées dans toute la France, afin que nul ne les ignore : et tout citoyen peut en obtenir une s'il le désire ; il n'a qu'à se faire inscrire au bureau indiqué, à prendre part au concours et à réussir.

Devant les affiches, l'ouvrier passe indifférent ; il ne les lit pas, il serait d'ailleurs incapable d'en comprendre le sens. L'idée de prendre part au concours qui est annoncé est à cent lieues de son esprit ; ces affiches, elles ne le regardent pas, lui ; il n'a pas à s'en occuper ; elles s'adressent aux gens instruits. Le jeune homme pauvre d'intelligence supérieure lit l'affiche, lui ; et elle le remplit d'espérance. Enfin il va pouvoir sortir de l'esclavage, grâce à son mérite ! Comme il travaille, rentré chez lui ! Le jour tant désiré du concours arrive ; il compose ; il est éliminé, pur hasard ; la part de chance est grande dans les concours ; et puis il s'est sans doute trouvé plus fort que lui ; il se représentera la prochaine fois. Il se représente ; il est éliminé encore. Tiens comme cela se trouve ; tous ceux qui sont reçus sont de famille riche ou puissante ; parents de ministres, de sénateurs, de députés, de hauts fonctionnaires. Il finira par apprendre qu'à ces jeunes gens « bien nés ». les places étaient données d'avance et que le concours est un trompe-l'œil.

Retourne à Plaisance, jeune homme, jeune fille ; ou plutôt non, n'y retournez pas. Les vôtres, au lieu de consoler vos déboires, ne feraient qu'aviver de leurs coups d'épingle le mal dont vous souffrez : « C'est bien fait ! diraient-ils. Pourquoi aussi vouloir s'élever au-dessus de sa condition. Vos parents n'avaient pas le sou ; et, parce que vous avez lu *dans les livres* vous vous êtes cru supérieur aux autres. Vous vous êtes cassé les reins ; tant pis ; cela vous apprendra. »

Car l'argent, les pauvres l'honorent tout autant que les riches. Etre appelé *sans le sou, va-nupieds, crève la faim*, sont les pires injures dans le monde populaire et, bien qu'elles n'évoquent que le malheur, celui à qui on les adresse se trouve profondément mortifié. La pauvre ménagère qui, les poings aux hanches, se querelle avec sa voisine clame dans tout l'escalier qu'elle, au moins, a payé son terme, ce qui n'est pas le cas de l'antagoniste ; et cette révélation foudroyante produit toujours l'effet désiré.

Dans les hautes classes, mêmes conceptions. On m'a cité des multi-millionnaires qui croiraient déchoir en admettant à leur table des gens qui n'ont qu'un million, des mendiants évidemment.

Celui qui a un million éprouve le même sentiment vis-à-vis des gens qui n'ont que cinq cent mille francs et ainsi de suite. Plus que jamais aujourd'hui le billet de mille est l'étalon où se mesure la valeur sociale ; aussi, loin de faire aimer la République la bourgeoisie fait regretter les régimes passés. Au moins la noblesse d'autrefois avait le courage physique, quelque élévation d'esprit ; la dignité du caractère. Aujourd'hui l'argent tient lieu d'intelligence ; quant au caractère, il ne faut pas en parler ; il fait l'effet d'une mauvaise éducation.

Quiconque a, avec de l'argent, une intelligence moyenne, un savoir moyen peut ambitionner, s'il est homme, les situations les plus hautes. Ses lieux communs seront proclamés des découvertes par la coterie ploutocratique qui, avec le pouvoir, tient l'opinion.

La République a donné au peuple l'instruction. Dans un grand square de Paris s'élève, monumentale, la statue de Jules Ferry. A ses pieds des écoliers de marbre expriment leur reconnaissance. Quel grand bienfaiteur, dira le peuple endimanché lorsqu'il se promènera par là ; c'est lui qui l'a réalisé, le vœu de Danton : « Après le pain, l'éducation est le premier besoin du peuple. »

Duperie duperie toujours ; l'instruction que

l'on donne au peuple est tout à fait insuffisante pour lui faire aimer le travail intellectuel et cette instruction, la République égalitaire a pris soin de la faire différente de celle qu'elle dispense dans des locaux à part aux enfants des riches. La République égalitaire donne aux enfants des riches l'éducation du commandement et aux pauvres l'éducation de l'obéissance ; elle croit cette chose monstrueuse qu'il faut dès l'enfance préparer les fils et les filles des humbles à l'humilité de la condition qui les attend.

Solidarité ; voilà encore un bien beau mot ; il n'est pas très ancien, il date de l'affaire Dreyfus. Ah, cette solidarité ! Quelle conception magnifique ! Les catholiques avaient la Charité ; mais la charité humilie le pauvre. Dans la solidarité, au contraire, le secouru est l'égal du secourant ; il ne reçoit que son dû de la société à la prospérité de laquelle il a contribué par son travail... Que ceux qui croient cela aillent un jour au bureau de bienfaisance, à l'hôpital, à l'asile de nuit ; ils verront si on les reçoit comme de dignes citoyens qui viennent, forts de leur droit, demander le remboursement d'une avance (1).

_____

(1) A la Caisse d'Epargne où cependant loin de demander, on vient porter son argent, le public est très

Dans tous les services administratifs, d'ailleurs, il en est ainsi. Le fonctionnaire de notre démocratie règle sa politesse sur la condition de l'administré ; condition qu'il lit sur les vêtements ; la possession ou le manque d'une carte de visite ; la carte de visite elle-même ; il est des garçons de bureau qui passent leur doigt dessus pour vérifier si elle est ou non gravée et régler leur attitude en conséquence. Malheur au pauvre homme mal vêtu ; malheur surtout à la pauvre femme ; on la fera aller de bureau en bureau ; on multipliera à plaisir les formalités ; toujours il lui manquera une pièce, une signature, pour être en règle.

Dans un travail antérieur (1), me plaçant à un autre point de vue, j'avais signalé des faits analogues. M. Lejeune, dans une brochure qu'il écrivit pour me répondre, dit que que les iniquités que je signale tiennent aux mœurs et non au régime. J'en demande pardon à mon contradicteur, mais le régime fait les mœurs, dans une

mal reçu. Lorsqu'on doit attendre son tour, des gardiens, anciens sous-officiers, vous ordonnent avec le ton le plus impoli, non seulement de vous asseoir, mais de vous asseoir à telle place qu'ils désignent d'un doigt autoritaire. C'est que la Caisse d'Épargne est faite pour le peuple.

(1) Dieu, la Morale, la Patrie.

très large mesure tout au moins. Si la République actuelle était vraiment démocratique, les mœurs y seraient tout autres ; ce sont les gouvernants qui donnent le ton. Sous la dictature de Robespierre, la démocratie a existé en fait ; les mémoires écrits par les contemporains rapportent qu'alors la fortune ne donnait à ses possesseurs aucune espèce de considération morale.

Le pouvoir de l'argent, mais nos gouvernants le sanctionnent tous les jours. J'ai vu au Bois de Boulogne, un jour de Grand Prix, les agents de police faire passer toutes les voitures dites de maître par une allée, la plus large, cela va sans dire ; et forcer tous les fiacres à prendre une étroite allée latérale. Les fiacres cependant n'étaient pas plus encombrants que les équipages ; mais ils étaient laids ; leurs occupants étaient de condition modeste et, naturellement, les agents de la démocratie ne pouvaient songer, surtout en un tel jour, à les laisser mettre leur tache grise dans le brillant défilé des voitures de luxe aux voyageurs somptueusement parés.

Dans les monarchies d'autrefois celui qui avait besoin du souverain pouvait encore espérer le voir. Rebuté au palais, il lui restait la ressource de l'attendre dans la rue et de se jeter à ses pieds en clamant sa requête. Aujourd'hui on ne se jette plus à genoux, oh non ; notre régime égalitaire ne supporterait pas que des citoyens s'humiliassent de la sorte ; un gouvernant n'est pas un maître ; c'est au contraire un serviteur ; il est délégué par les citoyens à la direction des affaires du pays. Cependant, dans la pratique, le souverain est moins accessible encore qu'autrefois.

D'abord le souverain est multiple, le Président, les Ministres, les Sénateurs, les Députés, les hauts fonctionnaires sont autant de rois. Qui est électeur peut encore espérer parler à son député ; mais pour l'humble citoyen le ministre est à peu près aussi inaccessible que l'était, pour les Chinois, l'Empereur, Fils du Ciel. Presque aussi peu visible est le préfet. Jacques Bonhomme s'achemine bien fier vers la Préfecture, sa lettre d'audience en poche. Il a écrit, on lui a répondu en lui fixant le jour et l'heure où on le recevra ; il va donc certainement être reçu. Dans l'antichambre il voit par le simple coup d'œil du garçon de bureau combien peu est appréciée cette lettre d'audience sur laquelle il fondait tant d'espoir. D'abord une foule de personnages officiels ; maires, députés, conseillers généraux, etc., etc., tout ce monde passera avant lui, même ceux arrivés après. Il s'y résigne ; évidemment ces Messieurs viennent entretenir le préfet d'affaires importantes ; mais il n'est plus aussi calme quand il voit franchir la tant désirée porte du cabinet préfectoral à des gens qui ne sont rien du tout, n'ont pas même comme lui de lettre d'audience, mais sont seulement mieux habillé et peuvent exiber une carte où est gravé le nom d'un bourgeois bien renté.

Lors de la première révolution, la bourgeoisie n'avait qu'un mot à la bouche ; *la loi*. C'en était fini de l'arbitraire ; au bon plaisir on allait substituer *la loi* qui devait être égale pour tous. Tel délit, telle peine ; la situation de la personne n'importerait plus et si les circonstances atténuantes devaient être admises ou en ferait bénéficier le pauvre de préférence au riche, comme étant plus excusable d'avoir failli.

Or, la lettre même du code nous apprend des choses comme celles-ci : Un homme a gifflé sa femme et celle-ci demande le divorce ; que doit faire le magistrat ? Il considérera tout d'abord la classe sociale de la demanderesse. Si c'est une femme de la bourgeoisie, il lui accordera sa demande, car dans la bourgeoisie un soufflet constitue évidemment une *injure grave* ; mais si c'est une femme des classes pauvres, le divorce ne sera pas accordé ; car une pauvresse évidemment a tort de se révolter parce qu'elle a été souffletée par son mari ; ah ! si le mari l'a frappée au point d'altérer sa santé, on prendra sa plainte en considération ; mais des gifles ne font que froisser la dignité et la loi décide que la dignité n'a pas droit de cité dans les classes pauvres.

L'histoire romaine nous montre la longue lutte des plébéiens contre les patriciens. Les plébéiens finirent par avoir la victoire, ils conquirent le *jus suffragii*, le *jus honores* ; il leur sembla alors que l'égalité politique était enfin acquise. Rien n'en fut. Les patriciens s'entendirent entre eux et s'arrangèrent pour que les dignités leur demeurent, insidieusement ils introduisirent dans la loi des amendements tels que les plébéiens ne pouvaient que très rarement réunir, pour accéder aux *honores*, les conditions prescrites.

La même chose a lieu dans notre régime ; la démocratie n'y est qu'en apparence ; en réalité, nous sommes dirigés par une oligarchie de familles opulentes qui distribuent à leurs membres les hauts emplois ; aux parents de leurs domestiques les petites places (1). Aujourd'hui on est ministre, sénateur, député, haut fonctionnaire,

(1) Je me suis attachée à interroger un à un, au hasard des rencontres, des petits employés de l'Etat sur les personnes qui leur avaient fait obtenir la place qu'ils occupaient. La plupart m'ont nommé les plus grands personnages politiques qu'ils semblaient, d'après leur réponse, connaître tout particulièrement.

officier supérieur de père en fils, d'oncle en neveu. Ceux qui ont fait la République ont cru, beaucoup tout au moins ont cru, réaliser l'égalité sociale ; leur but n'a pas été atteint ; la République n'a pas donné ce qu'elle avait promis. Les formes ont changé mais l'iniquité subsiste. En sera-t-il toujours ainsi ?

CHAPITRE II

LA RÉVOLTE INDIVIDUELLE ; LE CRIME

Imaginons un Descartes ouvrier qui, arrivé à l'âge de vingt ans, entreprendrait, isolé dans sa mansarde comme le Philosophe dans son poêle allemand, la revision des valeurs morales de la société présente, et rechercherait une orientation pour la conduite de sa vie.

Faut-il être honnête ?

Ses parents étaient d'honnêtes gens et ils lui ont appris l'honnêteté. Ils méprisaient les voleurs, haïssaient les assassins. On ne doit jamais, lui disaient-ils, prendre ce qui ne vous appartient pas ; fût ce seulement une épingle. A-t-on par les circonstances été obligé d'emprunter : il faut rendre jusqu'au dernier sou, dût-on, pour y parvenir, s'imposer les privations les plus dures. Si par hasard on fait la trouvaille d'un objet ayant quelque valeur, il faut le porter au commissaire de police, ou au fonctionnaire qui en tient lieu. Alors même que, étant sans le sou, on trouverait sur le pavé une fortune, il ne faudrait pas hésiter à la porter au magistrat. Si misérable soit-il, l'homme honnête n'est jamais tenté par l'argent qui n'est pas à lui.

Notre jeune ouvrier est un esprit libre ; qu'il ait ou non lu Descartes, il a fait comme lui la table rase dans son esprit. Aussi l'honnêteté ne s'impose-t-elle pas à lui ; malgré l'éducation reçue, elle est devant lui, discutable comme n'importe quelle question, et il se demande si c'est vraiment elle qui devra guider sa conduite.

Etre honnête, se dit l'ouvrier philosophe ? Mais si je le suis, quel bien m'adviendra-t-il ; et sa conscience d'homme supérieur que n'a pas impressionné les suggestions de l'éducation première et qui ne traduit que la raison lui répond : « Il ne t'adviendra aucun bien ».

Sorti de l'enfance, affranchi de la tutelle des parents, la vie est devant moi avec des routes diverses, laquelle me faudra-t-il prendre ? Le travail ? C'est la voie que mes parents m'ont indiquée ; mes maîtres à l'école primaire parlaient dans le même sens et c'est cette voie, en effet, que j'ai déjà commencé à suivre. Tous les matins je me lève de très bonne heure, je me rends

chez mon patron et je travaille jusqu'au soir ;
la besogne est monotone, toujours la même. Le
samedi je reçois une somme d'argent qui me permet de payer des repas grossiers, des habits
mal faits et un étroit logement. Lorsque j'ai
payé tout cela il ne me reste rien ou presque ;
il faut donc recommencer le travail pour payer à
nouveau. Ainsi il en sera jusqu'à ma mort, je tra-
vaillerai pour manger et je mangerai pour travailler, les jours s'ajouteront aux jours, les
années aux années sans que rien vienne
apporter un changement à ma terne existence ; seule m'est promise la satisfaction des
besoins élémentaires de la vie et dans les conditions les plus médiocres.

La vie n'est cependant pas ainsi pour tout le
monde ; il y a des plaisirs qui embellissent sin-
gulièrement l'existence et des passions qui la
remplissent. La vie du savant, du philosophe,
du politique, du financier, du grand industriel
n'est pas comme la mienne un chapelet de jours
tous pareils ; elle est pleine d'imprévus, on y a
des moments de très grand bonheur. C'est cette
vie-là que je voudrais avoir.

Mais je ne l'aurai jamais, je le sais bien, quoique
je fasse ; ma classe est une prison aux murs de
granit, je ne pourrai m'en évader Dans le peu
d'heures que j'ai à moi, je puis étudier ; mais

avant d'être un plaisir l'étude est un effort, et cet effort à quoi me servira de le faire. Les situations sociales auxquelles la haute culture donne droit ne seront jamais pour moi ; à qui n'est pas né dans un milieu riche l'instruction ne crée aucun titre. Il me restera la satisfaction du savoir ; c'est quelque chose, évidemment, mais ce savoir je serai condamné à le garder en moi ; jamais je n'aurai l'occasion de parler des questions qui m'intéressent ; mes études, dans mon milieu, ne feront que m'isoler.

Me perfectionner dans mon métier, je le puis ; mais mes espoirs devront être très modestes ; bon ouvrier, contremaître, j'aurai un gain un peu plus élevé ; mais ce sera toujours la médiocrité et, au point de vue moral, la vie mesquine dans un milieu inférieur.

Oh ! le couvercle de plomb qui m'étouffe. Qui donc à décidé ainsi de mon sort sans me consulter ; pourquoi dois-je faire ce qui ne me plaît pas et ne pas faire ce qui me plairait ? Ce sont d'autres hommes, ils ont accaparé pour eux et leurs descendants les biens matériels, les lumières intellectuelles et ils m'en ont banni, moi, ainsi que la majorité des humains.

Mais alors cette vertu d'honnêteté est une duperie : être honnête c'est rester à la place désavantageuse où les autres vous ont mis. Subir l'injustice et y consentir ; l'admettre comme légitime ; il faudrait être dénué d'intelligence. Le mouton, le bœuf se laissent manger et ne protestent pas ; mais je ne suis, moi, ni un mouton ni un bœuf ; j'ai une intelligence et je saurai m'en servir. Ah ! l'honnêteté, il faut vraiment être sot pour y croire, si la société était équitable on pourrait en respecter les conventions ; on y aurait d'ailleurs tout intérêt, mais comme il n'en est pas ainsi, que ceux qui bénéficient de l'ordre social présent le respectent ; quant à moi, de la morale et des lois je n'en ai cure ; je me fais voleur.

Ces raisonnements, les criminels ne les font presque jamais ; ils en seraient incapables. Tout comme les honnêtes gens, ils sont simplement les produits de leur milieu qui se trouvant être criminel les a faits semblables à lui.

Les criminalistes italiens (1) et ceux qui les ont suivis dans la voie ouverte par eux ont trouvé chez les voleurs et les assassins de nombreuses tares dégénératives. Certes, on tomberait dans l'erreur en ajoutant foi à tous leurs dires, en nombre de points d'ailleurs ils se sont contredits eux-mêmes. Pour ces auteurs est un signe de dégénérescence tout ce qui s'écarte d'une

______

(1) LOMBROSO : *L'homme criminel.*

moyenne tellement rigoureuse qu'on ne la rencontre jamais dans la pratique. Un homme est-il grand, dégénérescence ; est-il petit, dégénérescence ; a-t-il une tête volumineuse, dégénérescence ; a-t-il la tête plutôt petite, dégénérescence ; meurt-il jeune, dégénérescence ; atteint-il une vieillesse avancée, dégénérescence. Trouvant insuffisamment sensationnels les faits, ils cherchent à impressionner le public au moyen de paradoxes. Néanmoins il est certain que, dans leur ensemble, les criminels constituent le type inférieur de l'humanité civilisée. Déjà la classe ouvrière est, au point de vue anthropologique, inférieure à la bourgeoisie, les criminels se placent plus bas encore dans l'échelle ; ils forment bien ce qu'on a appelé le déchet social.

Les auteurs qui ont étudié dans les maisons de correction les jeunes détenus ont signalé leur difficulté à apprendre, leur extrême mobilité, leur infériorité intellectuelle ; la perversité précoce de leurs instincts. Seule la force musculaire leur impose le respect ; les débiles servent de souffre-douleurs aux forts (1) et pour ne pas être assommés de coups, ils n'ont que la res-

(1) Il serait injuste à la vérité d'imputer aux seuls enfants des maisons de correction ces mœurs brutales ; elles règnent aussi dans la cour de récréation des lycées, parmi les enfants des classes dirigeantes.

source de prendre un « poteau », c'est-à-dire de se mettre sous la protection d'un camarade bien musclé. Cette protection n'est pas gratuite, le protégé la paie par d'ignobles complaisances.

Dans cet état de choses, la physiologie n'est pas seule en cause, il faut faire la part des facteurs sociologiques. Les jeunes détenus forment une société spéciale différente de la nôtre dont elle se proclame, d'ailleurs, l'ennemie. Lorsqu'on leur reproche leur paresse scolaire ils répondent à l'instituteur : « On n'a pas besoin d'instruction, pour ce qu'on veut faire ! » Les morts illustres dont ils se proposent de continuer l'œuvre ne sont pas des savants ; ce sont les grands criminels ; les assassinats et les vols retentissants forment le thème ordinaire de leurs conversations.

Le plus souvent les criminels ont vu le jour dans les plus misérables conditions. Fils et filles d'ivrognes, de mendiants, de chanteurs ambulants, de gagne-petit, voire de voleurs. Chaque matin, le pain du jour, souvent le gîte de la prochaine nuit est un problème pour le couple de hasard, dont la femelle les a mis au monde. On dresse l'enfant à voler, ou bien il s'y dresse tout seul, et quand il rapporte un butin au logis on lui fait fête. Il n'y a pas là de morale qui tienne ; on a faim et on est heureux de la nourriture qui arrive, comme l'animal qui trouve sa pâture dans la forêt. De la loi on ne se préoccupe guère non plus ; le gendarme, le juge, la prison, sont les éventualités de l'avenir ; et on a assez à faire de parer au présent.

Parfois les parents ont un métier régulier, mais l'enfant, esprit mobile, incapable d'attention ne peut arriver à en apprendre un. Inférieur à ses compagnons de travail ; en but de ce fait à leurs sarcasmes ; il prend l'atelier en aversion. Souvent il va d'atelier en atelier, même de profession en profession jusqu'à ce que, entraîné par un ami de rencontre, il fasse dans le vol le premier pas, qui seul coûte.

La fille, elle, subit une évolution un peu différente ; c'est en général vers la prostitution qu'elle se tourne, l'adolescence venue il se trouve vite soit un amant, soit une amie pour lui en montrer les avantages pécuniaires. Parfois c'est la mère elle-même qui guide sa fillette dans les sentiers du vice.

Le criminel est-il féroce par nature ? Cela doit être pour certains ; mais rien n'indique qu'il faille universaliser. Nécessairement un milieu où l'on vit de vol et d'assassinat a des mœurs violentes. Pour un rien on s'y bat, et le couteau est facilement tiré de la poche ; les assassins se tuent plus souvent entre eux qu'ils ne tuent pour voler. Mêlé à pareille société, tel qui n'a pas un mauvais naturel, devient féroce comme ses camarades.

Les études qui ont été publiées sur la légion étrangère nous montrent dans cette catégorie régulière de la société des mœurs aussi violentes que celles des criminels. Non seulement, dans les colonies où on les envoie, les légionnaires pillent, violent, tuent, incendient les populations paisibles, mais ils s'exterminent entre eux

Pour rien, pour le plaisir

Comme certains héros de Victor Hugo. Un légionnaire, rejeton dégénéré d'une grande famille de Russie, avait reçu une forte somme d'argent. Qu'en faire, dans un pays où les distractions manquent totalement. L'heureux possesseur de l'envoi s'en fut trouver le cantinier et lui acheta tout son établissement, les récipients et le matériel avec les liquides ; il prévoyait qu'il y aurait de la casse, et il désirait se prémunir contre les ennuis qui ne manqueraient pas d'en résulter. Au jour dit, tous les amis se rendent à l'invitation du « Russe ». On boit, on boit, on boit ; le verbe s'échauffe ; deux invités se prennent de querelle et se lèvent de table pour régler leur affaire. La mêlée devient vite générale, chacun prenant fait et cause soit pour l'un, soit pour l'autre, on dégaine : les

sabres fendent les crânes, ouvrent les poitrines.
Les forcenés finissent par être mis à la raison ;
on enterre les morts, les blessés sont trans-
portés à l'infirmerie. Le conseil de guerre naturellement sévit mais on fut indulgent ; au fond, les
chefs n'étaient pas mécontents ; de telles habi-
tudes constituant la meilleure des préparations
à la guerre.

La légion étrangère, il est vrai, abrite, elle
aussi, les déchets sociaux. Un homme entre à la
Légion comme autrefois il serait entré à la
Trappe, pour ne pas se suicider. Il y a certainement dans cette arme de simples malchanceux ;
mais pour l'ordinaire elle est une sélection des
pires ; il n'est donc pas étonnant d'y trouver des
mœurs aussi barbares.

Mais que dire de ces bourgeois, hommes et
femmes, qui aux colonies mettent leur plus beaux
habits pour aller voir une exécution ? Que dire de
ces Américains, fort bien élevés par ailleurs, qui
essaient leur force au révolver en tirant sur des
nègres. J'ai connu des jeunes filles d'Amérique
qui m'ont dit l'avoir fait et n'ont rien compris à
mon indignation. Que dire de ces officiers colo-
niaux qui, Nérons au petit pied (1), font ex-

(1) Le Néron classique. D'apres les études récentes Néron en réalité n'aurait rien fait de tout ce dont on l'accuse,

ploser pour se distraire les indigènes leurs administrés ? Où chercher ailleurs que dans les conventions sociales ce qui les distingue du criminel ? Entre saint Vincent de Paul et un assassin il n'y a pas autant de différence qu'on pourrait croire et la différence, c'est le plus souvent le milieu qui la crée.

Les circonstances (1) ont placé le criminel au plus bas degré de l'échelle sociale. Il n'est ni un singe ni un fou, comme voudrait le faire croire une anthropologie dont l'intérêt des classes dirigeantes guide la fantaisie ; il est seulement un inférieur.

La plupart des crimes montrent en même temps que l'absence de pitié, l'insuffisance intellectuelle de leurs auteurs, le plan en est stupidement conçu, et la plupart du temps le bénéfice hors de proportion avec le risque encouru Tel malandrin tue au coin d'une rue un malheureux journalier sur lequel il trouve trois sous. La plupart des assassinats n'ont rapporté à leurs auteurs que des sommes insignifiantes. La solidarité entre criminels est du roman. Leurs associations sont fort inférieures aux sociétés à

(1) Nous n'omettons pas ici l'hérédité, comme on pourrait le croire. L'hérédité est, elle aussi, l'effet des circonstances s'exerçant non plus sur un individu, mais sur une suite de générations.

objectif honnête ; la discipline y est nulle, l'antagonisme personnel féroce. On signe de son sang, sur le coin d'une table de bouge, la promesse de garder jusqu'à la mort le secret des complicités et on tombe dans les pièges les plus classiques du juge d'instruction... L'alcoolisme vient d'ailleurs encore obscurcir le peu d'intelligence donné par la nature aux criminels ; véritables brutes, leur vie se passe en beuverie et en rixes (1).

Sont-ils, comme on l'a dit, des amoraux ? Nullement. L'amoralité ou plutôt l'immoralité n'est que dans leur pratique. Lorsqu'on leur parle morale, ils manifestent les idées qu'ont les gens honnêtes dans les classes incultes de la société. Certes, ils font mal, disent-ils, en volant et en assassinant, ils en ont bien conscience ; seulement ils ont été « entraînés » et ils ne peuvent plus réagir. Il en est qui, au contraire, se vantent de leurs forfaits, même de ceux qu'ils n'ont pas commis ; mais ce qu'ils magnifient c'est leur courage d'oser ce que tout le monde a en horreur.

Il est cependant des criminels qui se distinguent foncièrement de ceux dont nous venons d'esquisser la psychologie, ce sont les criminels anarchistes.

(1) HIRSCH. *Le tigre et Coquelicot.*

Tous les anarchistes ne sont pas des protagonistes du crime, tant il s'en faut. Longtemps l'anarchie a été un parti qui se plaçait à la gauche du parti socialiste (1). Pour l'anarchiste, le système collectiviste ne saurait réaliser l'idéal ; parce qu'il laisse subsister des inégalités entre les hommes. Le socialiste rétribue chacun selon son travail ; or, dit l'anarchiste, est-on responsable de son plus ou moins d'intelligence ou d'habileté ? Un homme mal doué par la nature peut avoir quand même de grands besoins ; lui faudra-t-il renoncer à les satisfaire parce que sa production est médiocre ? L'anarchiste trouve injuste cette solution du problème social ; il veut la liberté absolue tant dans la consommation que dans la production ; il croit que l'harmonie résulterait de cette liberté. Pour établir l'anarchie, ses adeptes veulent détruire la société présente par la révolution. Cette révolution, tout comme les socialistes, ils la préféreraient pacifique ; mais ne la croyant pas possible de cette façon, ils se résignent à la faire violente. La violence, disent-ils, ne sera d'ailleurs que la juste représaille des classes pauvres, opprimées depuis des siècles par les classes dirigeantes.

(1) Et elle est encore un parti aujourd'hui ; l'évolution que nous signalons n'est que partielle.

Cette révolution le parti anarchiste la préparait par une propagande de réunions et d'écrits, mais le moyen est lent ; on s'en rendait compte. Alors pour aller plus vite quelques-uns tentèrent la bombe et le gouvernanticide. Enfin Emile Henry raisonnant plus loin alla jusqu'au turbicide ; il lança sa bombe dans un café sur la foule anonyme pour lui apprendre que c'est son inertie qui est la cause du mal social.

La révolution cependant n'arrivait pas ; et les anarchistes finissaient par perdre tout espoir. Avec les années ils voyaient leurs effectifs se renouveler sans s'accroître d'une manière sensible. On entre jeune d'ordinaire à l'anarchie et au bout de quelques années, on la quitte. Les uns, désenchantés de toute action sociale se terrent dans leur chacunière, les autres vont aux partis d'opposition modérée, voire aux partis de gouvernement. Avec cela la tâche des militants est rendue plus difficile, par l'opposition de l'anarchie à toute organisation. Les procès-verbaux, les cotisations, la hiérarchisation des comités tiennent un peu les hommes. On a bien, il est vrai, le devoir moral ; mais son pouvoir de contrainte est faible ; d'autant plus qu'il est toujours permis de lui opposer l'intangible liberté de l'individu.

Mais, en vinrent à penser quelques-uns, pourquoi s'obstiner à affranchir une société qui ne veut pas en prendre la peine. Cette émancipation économique jusqu'ici impossible à réaliser collectivement peut se réaliser individuellement. Que chacun pour son propre compte fasse la reprise de la richesse dont on l'a spolié, qu'il soit ce que la morale bourgeoise appelle un voleur.

Tout d'abord les partisans du vol n'étaient au sein de l'anarchie qu'une petite minorité que la majorité répudiait. Certes, tout anarchiste excusait les voleurs, même les assassins, étant donné l'iniquité de l'ordre social présent ; mais de là à faire du vol et du crime une doctrine, il y avait une très grande distance qu'on se refusait à franchir. On voulait rester un parti, pouvoir recruter des adhérents parmi la classe ouvrière révolutionnaire, on refusait absolument de se transformer en une bande de malfaiteurs.

Cependant la désespérance d'une révolution libératrice faisait de plus en plus nombreux les partisans du vol. On n'affirmait plus guère que du bout des lèvres la possibilité d'une société sans gouvernement ; on prévoyait que même au cas où une révolution surgirait, elle serait autoritaire comme celles du passé ; peut-être amènerait-elle un gouvernement socialiste ; mais ce n'en serait pas moins un gouvernement ; à quoi bon alors risquer sa vie en des émeutes pour permettre à des hommes d'en remplacer d'autres au pouvoir ?

L'anarchiste est raisonneur, il alla donc plus loin encore. Alors même, se dit-il, que ce serait en effet le bien général que la révolution future devrait réaliser, alors même que ce serait l'Anarchie et non le Collectivisme qui devrait triompher, pourquoi moi Un Tel m'y emploierais-je ? En somme, qu'est-ce que je veux, moi Un Tel ? Le bien-être. Mais quel bien-être ; est-ce celui du voisin ? Nullement, c'est le mien. Alors je serais bien sot de me donner du mal pour préparer la Révolution, de soutenir sur mon faible avoir des journaux, d'aller en prison, de risquer un jour peut-être mon existence. Ravachol, Vaillant, Emile Henri, Caserio que certains vénèrent comme des martyrs ont été en réalité des naïfs. La Révolution, je vais la faire tout seul par la reprise partielle et ce sera ma révolution à moi, la seule logique.

Ainsi raisonnèrent les nouvelles couches de l'anarchie, et Garnier, rendu célèbre par des crimes retentissants, exposa de manière fort claire leur doctrine :

« Tout être venant au monde a droit à la vie, Cela est indiscutable, puisque c'est une loi de la nature. Aussi je me demande pourquoi, sur cette terre, il y a des gens qui entendent avoir tous les droits. Ils prétendent qu'ils ont de l'argent, mais si on leur demande où ils ont pris cet argent, que répondront-ils ? Moi, je réponds ceci : je ne reconnais à personne le droit d'imposer ses volontés sous n'importe quel prétexte que ce fut. Je ne vois pas pourquoi je n'aurais pas le droit de manger ces raisins ou ces pommes, parce que c'est la propriété de M. X... Qu'a-t-il fait plus que moi pour que ce fût lui seul qui en profite ? Je réponds : rien, et par conséquent j'ai le droit d'en profiter selon mes besoins. S'il veut m'en empêcher par la force, je me révolterai, et à sa force je lui opposerai la mienne, car me trouvant attaqué je me défendrai par n'importe quel moyen.

Dès mon plus jeune âge, je connus déjà l'autorité du père et de la mère, et avant d'avoir l'âge de comprendre, je me révoltai contre cette autorité, ainsi que celle de l'école.

J'avais alors treize ans, je commençai à travailler ; la raison me venant, je commençai à comprendre ce que c'était que la vie et l'engeance sociale.

Je vis les individus mauvais, je me suis dit : il faut que je cherche un moyen de sortir de cette pourriture qu'étaient patrons, ouvriers, bourgeois, magistrats, policiers et autres. Tous ces gens-là me répugnaient. les uns parce qu'ils étaient autoritaires, les autres parce qu'ils supportaient de faire tous ces gestes. Ne voulant pas être exploité et non plus exploiteur. je me mis à voler à l'étalage, ce qui ne rapportait pas grand'chose. Une première fois, je fus pris ; pour la première fois, j'avais alors dix-sept ans, je fus condamné à trois mois de prison.

Quand je sortis de prison, je rentrai chez mes parents, qui me firent des reproches assez violents, mais d'avoir subi tout ce qu'on appelle la justice, la prison, m'avait rendu encore plus révolté...

ANARCHISTE

Je devins alors anarchiste ; j'avais environ dix-huit ans. Je ne voulus plus retourner travailler, et je recommençai encore la reprise individuelle. Mais pas plus de chance que la première fois. Au bout de trois ou quatre mois, j'etais encore pris. Je fus condamné à deux mois. Je sortis cette fois et j'essayai encore de travailler. Je fis une grève générale dans laquelle il y eut une bagarre avec la police. Je fus arrêté et condamné à six jours de prison. Tout cela continua à m'aigrir le caractère, et naturellement plus j'allais, plus je m'éduquais, plus je comprenais la vie. Comme je fréquentai les anarchistes, je comprenais leurs théories et j'en devenais un fervent partisan, non parce que ces théories me plaisaient, mais parce que je les trouvais les plus *justes discutables*. Je rencontrais, dans les milieux anarchistes, des individus propres à la vie, des individus essayant le plus possible de se débarrasser des préjugés qui font que le monde est ignorant et sauvage, ces hommes avec qui je me faisais un plaisir de discuter, car ils me démontraient, non des utopies, mais des choses que l'on pouvait voir et toucher. En plus de cela, ces individus étaient sobres...

Je les trouvais raisonnables, et j'en rencontrai d'une volonté de fer et très énergiques. Mon opinion fut vite formée, je devins comme eux, je ne voulus plus du tout aller travailler pour d'autres, je voulus aussi travailler pour moi, mais comment m'y prendre ? Je n'avais pas grand'chose, mais (j'avais) acquis un peu plus d'expérience, et plein d'énergie, résolu à me défendre contre cette meute pleine de bêtise et d'iniquité qu'est la présente société.

Je quittai Paris vers dix-neuf ans et demi, car j'entrevoyais avec horreur le régiment...

GUERRE A LA SOCIÉTÉ

Peut-être cette masse inconsciente et fourbe changera-t-elle, peut-être. Je l'espère, mais moi je ne veux pas me sacrifier pour elle , c'est maintenant que je suis sur la terre, et c'est maintenant que j'ai le droit de vivre, et je m'y prendrai par tous les moyens que la science met à ma disposition. Peut-être que je ne vivrai pas vieux, je serai vaincu dans cette lutte qui est ouverte entre moi et toute cette société qui dispose d'un arsenal incomparable au mien, mais je me défendrai de mon mieux. A la ruse, je répondrai par la ruse ; à la force, je répondrai par la force...

... Je fis deux cambriolages et quittai le pays pour gagner définitivement la Belgique. J'arrivai vers le 6 octobre 1910 à Charleroi. Je me mis encore au travail pendant quelques jours. Je fréquentais les anarchistes ; cela suffit, et vers les premiers jours du mois de novembre, je fus arrêté comme tel. Mais, faute de preuve, je fus relâché huit jours après.

Quand je sortis de prison, je travaillai encore quelques jours et fis la connaissance de quelques camarades ayant mes opinions, camarades qui étaient bons et francs, énergiques, avec lesquels je m'associai pour le cambriolage, car il fallait vivre et je ne voulus plus du tout aller ni à l'usine ni au chantier. J'avais alors vingt ans et demi. Vers le commencement de novembre, je fis la connaissance d'une compagne. Je partis avec elle pour Bruxelles, où mes camarades m'avaient précédé. Là, nous y restions jusqu'à la fin de février 1911, et je fus obligé de quitter Bruxelles car j'étais recherché pour des cambriolages que j'avais commis à Charleroi et alentour. Je quittai donc Bruxelles et revenais à Paris où j'allais m'installer au journal *l'Anarchie* pour lequel je me mis à l'œuvre. J'y travaillai presque tous les jours, et comme l'ordinaire était un peu maigre, je fis, en compagnie de quelques camarades, une quantité de cambriolages, mais cela ne rapportait pas beaucoup. Je fis l'émission de fausse monnaie, mais cela ne rapportait pas beaucoup, et je risquais autant que d'aller faire un cambriolage, qui me rapportait plus. Je laissais donc la fausse monnaie là. Vers le mois de juillet 1911, plusieurs de mes meilleurs camarades tombèrent entre les mains de la police. J'en fus beaucoup peiné et je déterminai de me venger de cette société criminelle. Aussi je quittai le journal et venais m'installer à Vincennes encore avec ma compagne, qui m'étais dévouée et que j'aimais beaucoup.

CAMBRIOLAGES

Pendant le temps que je passai au journal, si j'avais perdu quelques-uns de mes camarades, par contre, je fis la connaissance d'autres aussi énergiques que moi. Aussi nous discutâmes ensemble le moyen de faire sentir plus fort que jamais le cri de notre révolte. C'est ainsi que nous décidâmes de louer plusieurs logements pour pouvoir travailler en toute sécurité. Nous n'avions pas beaucoup d'argent. Aussi nous nous mîmes tout de suite au travail. Nous faisions cambriolages sur cambriolages, dont je puis citer les principaux, qui furent ceux des mois d'août, septembre et octobre 1911. En août, nous en faisions plusieurs qui nous rapportent chaque 300 ou 400 francs, dont un près de Mantes, au bureau de poste, qui nous rapporta 700 francs, une villa à Mantes qui nous rapporta 4.000 francs. Mais à côté de cela, nous en faisions beaucoup d'autres qui ne rapportaient pas grand'chose.

En septembre, octobre, pendant ces deux mois, le principal cambriolage fut celui du bureau de poste de Chelles, dans le département de Seine-et-Marne, qui nous rapporta 4.000 francs, et quelques autres de moindre importance.

Enfin, vers le commencement de novembre, nous en faisons encore un à Compiègne qui nous rapporta 3.500 francs, c'était une exception ; mais cet argent avait été dépensé, car beaucoup de nos camarades ayant été ennuyés par la police et d'autres causes, on leur était venu en aide pécuniairement.

UN CHAUFFEUR

Pendant ces derniers mois, j'avais cherché un copain chauffeur, mais vainement. Mais j'avais appris à conduire, mais n'étant pas encore très habile, j'hésitais encore à me lancer pour aller voler une automobile afin de faire un coup qui nous mettrait à l'abri du besoin pendant un certain temps, lorsque, dans ces entrefaites, je fis la connaissance de Bonnot. Nous causâmes de projet et finalement nous nous entendîmes ensemble. C'est alors que, vers le 14 décembre 1911, dans cette nuit même, que nous commettions le vol d'une automobile à Boulogne, et nous allions la garer chez un mécanicien qu'un ami nous avait donné l'adresse. Nous allâmes le trouver et nous lui demandâmes de garder notre voiture ? Il accepta. Nous lui avions pas dit que notre voiture avait été volée car il n'aurait peut-être pas accepté. Je lui dis : « Nous reviendrons la chercher dans une huitaine. » Je lui donnais un faux nom et une fausse adresse, puis nous partîmes.

Nous discutâmes ensuite ce que nous avions à faire. Nous avions deux travails colossal à faire, car dans le courant du mois d'octobre, j'avais acheté un chalumeau et nous devions avoir une automobile pour le transporter. Dans ce travail, il y avait deux coffres à percer. Comme je savais manier le chalumeau et Bonnot bien conduire, nous en conclûmes avec les autres camarades que nous tenterions tout prochainement l'opération.

D'un autre côté, nous avions étudié un autre coup, celui de dévaliser un encaisseur. Au cas où l'un manquerait, l'autre pourrait réussir. Mais ni l'un ni l'autre ne devait nous réussir.

LE PREMIER GROS COUP

C'est ainsi que, dans la nuit du 20 au 21 décembre, nous partîmes chercher la voiture au garage. Je payai le mécanicien et l'on se mit en route. Il était une heure du matin. L'on prit en passant le chalumeau qui était chez un ami. Nous étions en tout quatre copains. Mais une circons lance ne nous permit pas de faire ce travail, car, pour faire cela, il nous fallait un temps qui nous soit complice, et ce que nous attendions ne se produisit point, il fallait qu'il tombe de l'eau. Enfin, vers trois heures et demie du matin, l'on repartit reporter le chalumeau, et qu'alors nous décidâmes de faire le garçon de recettes, tâche qui était pleine d'embûches comme on va le voir.

Nous nous promenions dans Paris pendant le reste de la nuit jusqu'à huit heures et demie du matin. C'est moi qui restais au volant pour bien me faire la main, et je commençais bien déjà ; je me sentais capable d'affronter les virages assez dangereux à une bonne allure, c'était d'autant plus utile, car il fallait bien deux chauffeurs, au cas où l'un d'eux aurait été blessé.

A neuf heures exactement, nous l'apercevons descendant du tramway, comme d'habitude accompagné par un autre personnage délégué spécialement pour cela. L'heure est grave, il faut agir promptement, une seconde d'hésitation peut nous perdre. La voiture avance, je descends et un de mes compagnons descend également de voiture, tandis que Bonnot reste au (volant) et le quatrième à la voiture, pour que personne n'approche. Je marche sur le trottoir à la rencontre du garçon de banque, la main dans la poche de mon pardessus, la main sur la crosse de mon révolver. Mon compagnon est lui sur l'autre côté du trottoir à quelques pas derrière moi. Arrivé à trois pas environ du garçon, je sors mon révolver et froidement je tire une première balle, puis une deuxième; il tombe, pendant que celui qui l'accompagne s'enfuit en courant, transi de peur. Je ramasse un sac, mon copain en ramasse un autre, que cet imbécile ne veut pas lâcher, car il n'est pas tué; mais il finit par lâcher prise, car il perd connaissance.

Nous allons pour remonter en voiture; quelques passants veulent nous en empêcher, mais nous sortons alors nos révolvers, nous tirons quelques coups et tout le monde se sauve. Nous montons en voiture, moi toujours à côté de Bonnot. Il est neuf heures et demie .

Ce système ni Garnier ni ceux de sa bande ne l'ont inventé; il fut élucidé au cours des années dans les discussions des groupes arnarchistes; néanmoins le fait de l'avoir compris le place très au-dessus du *vulgum pecus* des criminels.

La supériorité du criminel anarchiste est d'ailleurs incontestable. Dans une des cachettes de Bonnot la police trouva un roman d'Anatole France que l'assassin était en train de lire au moment où la police survint. Les bandits vulgaires ne s'intéressent pas à ce genre de littératuré ; ils liraient plutôt un roman-feuilleton, et la plupart ne lisent pas du tout.

Logiquement le système de Garnier tient très bien. On ne vit qu'une fois la seule affaire est donc d'arranger sa vie au mieux possible ; de vivre sa vie, comme il a dit. Si on est riche, le simple bon sens ordonne de respecter la morale et la loi. On possède le bien-être ; on peut en toute facilité jouir de l'amitié ; et si on est ambitieux, la route est ouverte ; on a donc tout intérêt à n'employer contre les concurrents de la vie que les armes permises.

Mais si on est né dans la pauvreté, toutes les voies honnêtes étant fermées, il est tout naturel que l'on suive les autres.

En vain opposerait-on la morale, le devoir de ne pas nuire à autrui. Cette morale n'est qu'une duperie dans une société comme la nôtre. Le riche nuit au pauvre puisqu'il le prive du bien-être en le conservant pour lui-même. On dira que cette richesse le riche ne l'a pas enlevée au pauvre par la violence ; il l'a trouvée en naissant et s'est trouvé, par le fait de la situation déjà acquise avant lui, en position de s'enrichir encore. Mais l'anarchiste répond qu'il ne se pose pas en juge. Un tel riche n'est pas responsable d'une société qu'il n'a pas faite, soit ; mais lui, un tel autre, pauvre, n'est pas responsable non plus ;

et comme il est à la mauvaise place il tâchera
d'en sortir par les moyens qui sont en sa possession. Droit, devoir ; bien, mal ; honnêteté, vol,
barrière de mots qui ne sert qu'à protéger les
privilégiés contre les déshérités ; cette barrière,
que le sot s'il le veut la respecte ; l'individu
conscient la franchit.

En principe donc, rien à objecter à la révolte
individuelle. Si la société était équitable, il y aurait certainement encore des criminels ; mais
seulement parmi les malades du cerveau. Les
gens normaux n'auraient jamais l'idée de tuer
pour acquérir un bien-être accessible à chacun
par des moyens aisés et pacifiques.

Mais que dire de la pratique. L'expérience de
la reprise individuelle par la violence Garnier et
sa bande l'ont tentée ; et on sait combien elle
fut malheureuse. Les riches sont trop bien dé-
fendus dans la société organisée pour eux et di-
rigée par eux. Ils ont été assez intelligents pour
fabriquer une morale et la faire accepter par la majorité contre qui ils l'ont faite. Autrefois le riche,
seigneur féodal, payait encore de sa personne
pour défendre son bien ; mais aujourd'hui plus
n'est besoin pour lui de prendre cette peine : ce
sont les pauvres qui s'en chargent et au meilleur
marché. Le garçon de recette transporte un
million dans sa sacoche moyennant un salaire

de cent sous par jour. Pour la même somme
le sergent de ville arrête les voleurs en risquant
parfois son existence, le policier pour un salaire
guère plus élevé les recherche et le soldat tue
pour rien du tout les gens de sa classe qui cherchent à ébranler au moyen d'une grève l'ordre
social. Et tout ce monde agit de la sorte 'sans y
penser, croyant l'ordre social aussi immuable
que les lois naturelles. Que peut, contre cette
formidable machine, le malheureux apache criminel simple ou anarchiste conscient avec son
surin ; même avec son browning et l'automobile qu'il a réussi à voler, il ne peut que se
briser.

Quelle absurdité ! disaient les journalistes au
moment de l'affaire Garnier ; proclamer qu'on
veut vivre sa vie » et mourir à vingt ans sous
les balles policières. Ces jeunes criminels eurent
pu suivre évidemment l'autre voie : celle du travail. Ils eussent vécu enfermés du matin au soir
dans un atelier, courbés sur une besogne insipide. Comme distraction ils eussent pu le soir
s'alcooliser et la nuit faire des enfants. La vertu
n'a rien d'engageant. Le crime non plus. Garnier
nous l'a montré dans ses mémoires, voler est très
difficile ; car on ne sait jamais où trouver l'argent liquide, le seul utilisable pour le voleur.
Pas d'argent chez les riches, pas d'argent même

dans les banques. Garnier et sa bande n'ont guère trouvé que des titres et la négociation en est pleine de périls. Où se porter alors? Le pauvre cambrioleur en est réduit à grimper sur les toits pour frustrer, dans une mansarde au fond de la malle d'une malheureuse bonne, d'infimes économies. Décidément, si beau à certains égards qu'en soit le geste, la révolte individuelle est insoutenable ; c'est l'échec certain. Où donc alors chercher le salut? Le trouvera-t-on dans la révolte collective ?

CHAPITRE III

LA RÉVOLTE COLLECTIVE ; LA RÉVOLUTION SOCIALE

Les deux classes de la société présente sont en lutte ; la bourgeoisie veut maintenir ses privilèges et le prolétariat veut les lui enlever, non pour se substituer à elle, mais pour établir l'égalité sociale. Jusqu'ici cependant on n'en est encore qu'à la menace, quand la bataille aura-t-elle lieu ?

Entre 1906 et 1909, on aurait pu croire cette bataille imminente. La Confédération Générale du Travail s'agitait beaucoup ; pour la première fois des syndicats bien organisés, comme les électriciens, décidaient brusquement d'une grève et la corporation tout entière obéissait, privant d'un coup Paris de lumière électrique. L'impression produite fut très forte ; dans les rues on entendait les passants prédire, tantôt sur le ton

de l'indifférence, tantôt sur le ton de la crainte :
« C'est la révolution qui vient. »

Cette opinion, une grève de postiers survenue
l'année suivante l'accentua encore. On se repré-
sentait jusqu'alors les employés de l'Etat comme
les types de l'homme soumis. Leur recrutement
opéré presque toujours sur les chaudes recom-
mandations des hautes personnalités gouverne-
mentales répondait de leur fidélité ; aussi la
nouvelle que de pareilles gens se révoltaient per-
turba-t-elle profondément les esprits. La grève
des fonctionnaires apparaissait comme le signe
certain de la désagrégation du régime.

La presse conservatrice, au reste, ne contri-
buait pas peu à susciter la croyance en un boule-
versement prochain de l'ordre social. La moindre
grève, la plus minime déprédation du matériel était enflée, dans les journaux rétrogrades,
aux proportions d'une agitation menaçante.
Les craintes, d'ailleurs n'étaient pas sincères ; en
tacticiens les hommes du passé voulaient simplement effrayer les classes riches ; afin d'amener le
gouvernement à une politique de réaction.

Aujourd'hui toutes les appréhensions sem-
blent dissipées. La classe ouvrière, écœurée par
les compromissions, les atermoiements, les pa-
linodies, les trahisons de ceux qu'elle avait en-
voyés à la Chambre, avait délaissé le Parti Socia-

liste pour aller à la Confédération Générale du Travail. Et voilà que les chefs syndicalistes se trouvaient ne pas valoir mieux que les députés socialistes. L'un avait organisé une loterie suspecte ; un autre, après avoir fomenté une grève l'avait, par des manœuvres équivoques, fait échouer ; on l'avait acheté, tout semblait le faire croire. Un autre avait, disait-on, soustrait plusieurs milliers de francs aux caisses de propagande. Un autre enfin, salarié de la police, avait tenté de faire sauter une maison, afin de justifier une répression gouvernementale. Certes, on sait qu'il y a des traîtres partout; mais c'en était vraiment trop pour le prolétariat révolutionnaire d'être trahi par ceux qu'il avait placés à sa tête tant il leur avait fait confiance. Les ouvriers alors se dirent que le syndicalisme ne valait pas mieux que le socialisme et que, puisqu'il n'y avait rien à faire, mieux valait se résigner.

Avec raison, les historiens et les politiques de tous les temps ont reproché au peuple son ingratitude envers les gens qui se dévouent à sa cause. Cette ingratitude tient à la légèreté, à l'insuffisance intellectuelle, à l'apathie des classes populaires. Aussi l'ouvrier est-il tout autant oublieux du mal qu'il l'est du bien. Les trahisons d'ailleurs ont rarement des preuves matérielles et si tant est qu'elles en aient, bien peu les connaissent ; aussi le chef révolutionnaire qu'a précipité de son poste une accusation de traîtrise reconquiert-il facilement au bout de quelques années la popularité perdue.

Malgré toutes les traverses subies, le syndicalisme reste donc une force ; en tout cas les syndicats et les syndiqués sont beaucoup plus nombreux qu'autrefois. Il y a trente ans les syndicats n'existaient guère ailleurs que sur le papier. Pour tâcher de pénétrer de sa propagande la classe ouvrière le petit noyau de révolutionnaires des grandes villes annonçait la constitution de tel et de tel syndicat, mais les adhérents étaient rares. Aussi pouvait-on voir un syndicat de garçons de magasin qui comptait sur la liste de ses membres des journalistes, des étudiants, des irréguliers du travail. Les mêmes noms se retrouvaient d'ailleurs sur les registres d'un syndicat de peintres en bâtiment ou de serruriers.

Les effectifs groupés sous la bannière politique du socialisme étaient tout aussi pauvres. Guesde, Vaillant, Jaurès, Allemane n'avaient autour d'eux que de petits groupes ; et entre groupes on se dévorait. On a dit avec raison que l'ennemi le plus haï c'est l'ennemi le plus proche. Evidemment on détestait les bourgeois, mais contre eux le ressentiment était abstrait. Belleville est plus loin des Champs-Elysées que les Champs-Elysées de Nice. L'ouvrier ne voit pas ou ne voit que très peu les classes dirigeantes ; mais socialiste, il voit de très près le parti qui se développe à côté du sien dans une nuance un peu différente (1), et c'est à lui que va toute sa puissance de haine. Rares étaient les réunions socialistes qui pouvaient se tenir en paix ; la fraction dissidente s'y rendait en corps et c'était des pugilats, des batailles à coups de chaises et de bancs. Le plus souvent le propriétaire de l'établissement, inquiet de son matériel, avait la bonne inspiration de fermer le gaz, cela mettait fin aux hostilités et à la réunion. Possibilistes. Guesdistes, Blanquistes résolvaient ainsi à coups de poings leurs divergences et la bataille était de règle le 25 mai au Père-Lachaise sur la tombe des morts de la Commune.

L'affaire Dreyfus, bien qu'elle ait manqué à toutes ses promesses, a fait faire par répercussion de très grands progrès au socialisme organisé.

Les juifs, pour défendre leur puissance politique, durent s'allier aux fractions les plus avan-

____

(1) Cet état d'esprit n'est pas spécial aux partis populaires. On a pu voir dernièrement les Sillonistes combattus avec beaucoup plus d'âpreté que les alliées par les catholiques.

cées du pays. L'armée leur était opposée ; ils furent pacifistes, anti-militaristes et subventionnèrent les journaux révolutionnaires. Avant l'Affaire l'antimilitarisme se cantonnait dans des cercles restreints que son peu de moyens financiers ne lui permettait pas de franchir. Les Dreyfusards réussirent à le placer au premier plan de l'opinion. On exploita la répugnance du paysan pour le service militaire pour présenter sous les couleurs les plus odieuses l'armée et ses chefs, la discipline et les rigueurs du code militaire et naturellement les hommes du peuple qui avaient subi, subissaient ou devaient subir ces rigueurs acceptèrent la nouvelle doctrine avec la plus grande facilité.

Triomphants, les Dreyfusards n'eurent rien de plus pressé que de relever les anciens autels ; ils en avaient besoin comme toutes les oligarchies qui, pour se maintenir au pouvoir, doivent comprimer la majorité. Mais l'impulsion à gauche a été trop violente, après douze ans le retour aux conceptions d'ordre n'est pas encore achevé, aussi nos dirigeants rêvent-ils pour le parfaire de passer la main à un pouvoir plus fort.

C'est à la faveur du coup de barre à gauche donné par le gouvernement issu de l'affaire Dreyfus que les écoles socialistes effectuèrent en 1905 leur fusion ; le parti socialiste qui résulta de cette union réunit aujourd'hui en France une soixantaine de mille adhérents.

C'est le parti d'une opposition très timide ; à certaines époques il devient presque un parti de gouvernement ; n'a-t-il pas d'ailleurs gouverné par M. Millerand, passé du journal *La Petite République* au ministère. Comme tel il devait mécontenter les éléments les plus avancés ; aussi les anarchistes, s'emparant du mouvement syndical, réussirent-ils à fonder contre lui la Confédération Générale du Travail.

Pour grouper en plus grand nombre les ouvriers, les anarchistes, masquant leur doctrine, prétendirent se cantonner uniquement sur le terrain corporatif. Aux syndiqués on ne demandait ni leur religion ni leur opinion politique ; il leur suffisait d'exercer le métier auquel le syndicat correspondait.

Dans un milieu plus instruit une pareille tactique eut manqué son but. L'association eut gardé le caractère professionnel et la première tentative de déviation sur le terrain politique l'eût brisée. Mais le peuple n'a, on peut dire, pas d'opinion et le parti anarchiste comptait bien sur ce caractère amorphe de la classe ouvrière pour la conduire à son gré.

Que voulaient les anarchistes, ils ne le savaient pas d'une manière bien exacte. Quelques-uns, esprits chimériques, tout à fait dépourvus du sens des réalités, croyaient sincèrement, à la faveur d'une révolution triomphante, pouvoir instituer une société sans gouvernement dans laquelle l'ordre se ferait de lui-même, par la libre entente des individus. D'autres, mieux au fait, n'aspiraient qu'à une société collectiviste qu'ils prendraient à tâche, eux les anarchistes, de rapprocher le plus possible de leur idéal de liberté absolue.

Mais un tel programme eut été insuffisant à entraîner la masse syndicale ; pour alimenter son activité il fallait des objets mieux à sa portée et naturellement les augmentations de salaire se trouvaient tout indiquées.

Notre ennemi, c'est notre maître ; la haine de l'ouvrier pour le patron est donc aussi vieille que la société. A vrai dire, au cœur de l'ouvrier, ce sentiment n'est pas le seul. Habitué à courber l'échine, formé pour obéir, il a aussi devant son patron de la crainte, voire de l'admiration ; la fierté n'est pas l'apanage ordinaire de la faiblesse ; la faiblesse, au contraire, adore la force, même lorsque la force l'écrase ; « poignez vilain, il vous oindra ».

Mais l'esprit humain est complexe et divers ; il est même contradictoire ; tout en craignant le riche capitaliste qui l'exploite, tout en l'admirant il le hait quand même ; cette haine, le syndicalisme n'eut donc qu'à l'organiser pour en accroître les effets.

A l'instigation des syndicats certaines corporations font aux patrons une guerre de tous les instants ; d'autant plus efficace qu'il est plus difficile de la saisir. D'abord chaque ouvrier s'attache à travailler le moins possible ; un mot d'ordre de lenteur circule dans les chantiers, l'ouvrier qui voudrait s'y soustraire encourerait les reproches, même les voies de fait, des camarades. Celui qui peut insidieusement détériorer le matériel n'y manque pas ; et on abuse systématiquement des lois protectrices de l'ouvrier dans son travail. Fatigués à la longue, les patrons mettent les pouces et augmentent le salaire ; alors la petite guerre cesse pour quelque temps ; mais on la recommence à la première occasion.

Plus difficile était d'organiser des grèves étendues. Le syndicalisme le tenta plusieurs fois ; mais la plupart des grèves aboutirent à des échecs. Déclancher une grève est relativement aisé : ce qui ne l'est pas, c'est de la faire durer. Très emballée le premier jour, la corporation se décourage vite. En vain pour la tenir en haleine multiplie-t-on les réunions ; au bout d'un nombre de jours plus ou moins long, les ouvriers un à un retournent au travail. Néanmoins, la grève corporative est encore avec le sabotage ce qui a le mieux réussi à la confédération générale du travail.

Dans la grève politique, le syndicalisme a on peut dire toujours échoué. Cesser le travail pour augmenter son salaire de quelques sous, l'ouvrier comprend encore cela ; mais se contraindre au chômage, perdre l'argent d'une ou plusieurs journées parce que le gouvernement marche mal, cela le surpasse. Les questions politiques sont trop hautes, trop loin de l'ouvrier pour qu'il y voie autre chose qu'une matière à bavardages sans importance.

Même désappointement lorsque l'on tenta de constituer, dans la classe ouvrière révolutionnaire, une sorte de bataillon sacré de révoltés ardents. On parla de militarisme révolutionnaire, de discipline, du devoir de riposte armée devant la répression policière et militaire. On n'aboutit à autre chose qu'à provoquer d'interminables discussions et l'immense majorité se déclara contre la discipline. Ce n'est pas la peine, disait-on, de combattre le militarisme si on crée un militarisme révolutionnaire. La masse des militants n'a jamais pu comprendre que ce que l'on combat dans le militarisme c'est le but pour lequel il est institué ; guerre extérieure, répression des révoltes ouvrières à l'intérieur et que la discipline est tout aussi indispensable lorsqu'on groupe les hommes pour le bien que lorsqu'on les organise pour le mal. Au fond ce qui déplaît à la classe ouvrière dans la discipline c'est l'effort à faire. Elle se résigne à aller à la caserne parce qu'elle y est forcée ; mais venir bénévolement dans une salle pour apprendre à faire des mouvements d'ensemble, à se servir des armes ; exécuter des gestes rythmés au commandement des chefs est au-dessus de ses forces, plutôt que de s'y contraindre elle préférerait voir la société capitaliste durer éternellement.

On tenta, à l'instar des conspirateurs du passé, de fonder des sociétés secrètes ; elles furent lamentables. Au lieu de se réunir au rez-de-chaussée, on descendait au sous-sol. Là on était heureux de jouer à la conspiration ; mais dès que quelques-uns voulurent tenter de donner à la conspiration un commencement de réalité, ce fut une débandade générale. Pour maintenir les groupes, on dut se contenter d'y faire la besogne des sociétés ouvertes. Aucune tenue d'ailleurs dans les assemblées ; en trois heures de séance les... initiés sortaient six fois pour aller boire. Entre membres les disputes éciataient à tout propos pour des questions personnelles ; les querelles d'atelier recommençaient là.

Le peuple cependant a fait des révolutions, on peut même dire que c'est presque uniquement par lui que la partie insurrectionnelle des révolutions a été faite. Mais alors la bourgeoisie servait de conductrice. Les sociétés de Francs-Maçons, de Carbonari étaient des pépinières d'agitateurs. On s'y habituait à la discipline ; on y dissertait du but poursuivi, des moyens d'y atteindre afin de s'en faire une conception unique qu'on n'aurait plus ensuite qu'à mettre en pratique. Le jour de l'émeute venu, les effectifs de ces sociétés encadraient le populaire et le dirigeaient, stimulant à l'occasion les courages chancelants. C'est de cette façon que se sont préparées et effectuées de nos jours la révolution portugaise et la révolution chinoise ; et elles ont réussi, comme on le sait.

Les conservateurs plaisantent souvent les syndicalistes sur leur attachement à leurs chefs. On voit qu'ils ne connaissent pas du tout les gens dont ils parlent. Nulle part l'autorité des chefs n'est plus précaire que dans les milieux ouvriers.

D'abord le chef ou plus justement le secrétaire du syndicat est élu et ce mode de recrutement suffit dans de tels milieux par écarter quiconque montre un caractère autoritaire, quiconque même est simplement une personnalité.

Pour être élu à une fonction directrice il faut

constamment flatter les électeurs ; ne tenir à aucune opinion personnelle et être toujours de l'avis de la majorité. L'homme qui a des opinions arrêtées n'est jamais populaire dans les milieux ouvriers. Il a contre lui ses adversaires, et ses amis ne sont pas pour lui ; toujours ils lui préférèrent l'homme d'opinions amorphes qui, placé entre les deux partis, est bien avec tout le monde. Aussi ces milieux sont-ils une école néfaste pour le caractère. on y contracte l'horreur des responsabilités que le conducteur d'homme digne de ce nom doit savoir prendre pour mener les siens jusqu'où ils n'auraient pu aller sans lui.

II

Trois facteurs fondamentaux font que dans les circonstances présentes la révolution sociale est une éventualité improbable ; ce sont :

1° Les soupapes de sûreté que le régime républicain permet d'ouvrir lorsque cela est nécessaire.

2° L'infériorité intellectuelle et morale du prolétariat.

3° Le bien-être relatif dont le prolétariat jouit actuellement,

L'ancien régime avec ses castes presque complètement fermées ne pouvait pas satisfaire les ambitions ; aussi a-t-il été renversé. Tous ou presque tous les hauts emplois étaient héréditaires, l'enfant de haute noblesse était colonel, cardinal à huit ans. Parfois on ouvrait bien l'accès d'un ministère à un roturier, mais cela était rare. Aussi pas d'avenir pour les hommes de valeur de la bourgeoisie ; il leur fallait se résigner à végéter dans les petits emplois. Voltaire, Rousseau qui étaient partis des derniers échelons sociaux conquirent la gloire ; mais ils ne purent avoir qu'un rôle de conseil. Sans la révolution Danton et Robespierre fussent restés des avocats obscurs ; Marat un savant décrié. Certes, il serait absurde de soutenir que Marat, Robespierre et Danton ont fait la Révolution pour « arriver » ; les événements historiques n'ont jamais des origines aussi simples. Mais il n'en reste pas moins vrai que toutes ces ambitions bouillonnantes et comprimées ont agi, elles ont été les accoucheuses de la société en travail.

Le régime républicain permet de donner aux ambitions politiques (1) tout au moins l'espoir, aussi la révolution n'a-t-elle pas lieu.

Un ouvrier a-t-il la parole facile que très aisé-

(1) Aux ambitions politiques masculines, bien entendu, pour les femmes tout est à conquérir.

ment il réussit à se rendre populaire ; en quelques années il peut devenir député (1), et quand il est député il n'est plus, et pour cause, un révolutionnaire aussi ardent, sa révolution à lui est faite.

Certes on peut, tout en ayant réussi à conqué-rir une place éminente, conserver les idées qui vous y ont fait parvenir, mais il faut alors avoir ou bien un grand fonds d'honnêteté ou bien le grand orgueil qui fait que l'on tient davantage à ses idées qu'à son bien-être matériel. Ces qua-lités sont rares dans la bourgeoisie ; elles sont plus rares encore dans le peuple.

Dans les grandes familles républicaines de la restauration et du second empire, il y avait par-fois des traditions d'honneur (2) Un grand pa-rent avait occupé sous la première République une situation élevée ; puis son parti ayant eu le dessous on l'avait soit guillotiné, soit envoyé en exil. Les descendants avaient les mêmes idées qui constituaient une tradition de famille. Pour ses idées on luttait dans l'opposition, certes on désirait le pouvoir, mais pas sans elles. Ces fa-milles étaient l'exception ; il ne faut pas se le

(1) La carrière politique est la seule voie ouverte aux hommes des classes pauvres qui veulent s'élever dans la société.

(2) Vair RANC, *le roman d'une conspiration.*

4

dissimuler ; l'histoire nous montre que la plupart des anciens conventionnels se sont ralliés à l'Empire, puis à la Restauration ; les dix-sept serments que fit successivement Talleyrand à des gouvernements et à des partis politiques divers sont légendaires (1). On ne vit qu'une fois et, tout le monde n'étant pas trempé en Caton ou en Cincinnatus, on préfère renier ses convictions et participer au pouvoir, plutôt que de languir dans l'isolement d'interminables années. Cependant tout en ne constituant que l'exception, les hommes de conviction se rencontraient dans la bourgeoisie républicaine.

Rien de pareil dans le prolétariat. Avoir des convictions est un luxe ; cela conditionne soit une supériorité intellectuelle, soit une certaine culture. L'ouvrier n'a pas d'opinion à lui, pour un peu d'argent il fera baptiser ses enfants dans la religion protestante ; quitte à les faire baptiser ensuite dans la religion catholique si les catholiques offrent de le payer. Quant à l'orgueil, comment l'ouvrier en aurait-il ; lui et les siens n'ont jamais rien été ; dans sa famille, il n'a reçu que des traditions d'humilité, de soumission ; on

______

(1) Talleyrand a une vue de Paris à son nom, Robespierre n'en a pas.

lui a répété qu'il y avait tout à perdre à être fier. et tout à gagner au contraire à faire la volonté des riches, si on a le bonheur d'en rencontrer qui jettent les yeux sur vous. Malgré toutes ces conditions défectueuses, il se rencontre certainement des gens du peuple qui ont du caractère ; la dignité leur pousse toute seule, point ne leur est besoin de traditions ; mais ces gens sont extrêmement rares ; dans toutes les conditions presque tous les hommes sont simplement ce que le milieu les fait.

Au socialisme l'ouvrier vient donc le plus souvent par hasard ; certes, on peut supposer qu'il le professe sincèrement, mais il ne le comprend jamais assez pour mettre en lui son point d'honneur et quand un succès électoral lui advient, c'est comme s'il venait de gagner le gros lot à une loterie ; tout est fini pour lui et il ne soutiendra plus son parti que par devoir professionnel.

Le régime républicain qui permet la satisfaction des ambitions législatives permet à plus forte raison la satisfaction des ambitions modestes beaucoup plus nombreuses. La bourgeoisie régnante achètera donc un tel avec une petite place dans un ministère ; un tel autre avec un emploi dans un service mis en régie. Le gouvernement a ainsi une quantité d'os à ronger pour les loups révolutionnaires qui consentent à devenir des chiens fidèles (1).

Si la mentalité du prolétariat était plus élevée, les capitulations de conscience de quelques-uns de ses chefs n'entraveraient que fort peu sa marche vers la révolution émancipatrice. Pour un leader passé à l'ennemi, dix se lèveraient prêts à prendre sa place au bon combat par lui déserté. En outre, les militants pénétrés de la doctrine, sachant tous où ils veulent aller et quelle est la route à prendre, n'auraient jamais en leurs leaders que les metteurs au point indispensables de la théorie et de la tactique. Mais à la place des idées précises qu'il lui faudrait avoir, le prolétariat révolutionnaire n'a que des aspirations très vagues. Il désire une transformation sociale, évidemment, il pense que le collectivisme donnera à chacun la sécurité et le bien-être ; mais ce collectivisme que sera-t-il, comment l'établira-t-on ; c'est ce dont il ne cherche même pas à se rendre compte (2).

(1) On pourrait ici nous objecter que les possibilités pour un gouvernement de satisfaire les ambitions même modestes ne saurait jamais être qu'en nombre restreint. Mais le nombre des révolutionnaires que leur valeur intellectuelle rend dangereux pour l'ordre établi est restreint aussi.

(2) Au parti socialiste et à la C.G.T. on ne fait que de

Sur la tactique le prolétariat révolutionnaire est plus flottant encore. Les idées les plus contradictoires sont acceptées par lui pour peu qu'on les lui expose avec vehémence. Aussi on ne saurait faire fonds sur sa fidélité ; pour les réformes aujourd'hui, il sera pour la révolution demain, quitte à revenir aux réformes après demain et ainsi de suite. D'ailleurs quand un leader n'est pas sincère ou quand il a lui-même un esprit peu clair, il fait prendre aisément pour révolutionnaire ce qui est réformiste ou vice-versa.

Le caractère du prolétariat laisse aussi beaucoup a désirer. Quiconque est supérieur est détesté dans les milieux ouvriers ; le militant déteste même celui qu'il vient d'élire à un poste de confiance ; car son vote, il ne l'a donné que forcé par la nécessité ; ce poste de confiance il l'aurait voulu pour lui ou bien pour personne. *Pourquoi lui et pas moi* ; tel est le sentiment que tout être humain porte au fond de son cœur et qui fera l'autorité éternellement nécessaire.

la politique au jour le jour. Très rarement j'ai entendu discuter le plan de la prise insurrectionnelle du pouvoir ; et les rares personnes qui l'ont agitée devant moi étaient de vieux militants qui ne faisaient que répéter les enseignements de Blanqui, Le prolétariat d'aujourd'hui *ne croit pas* à la révolution sociale.

Ce sentiment les bourgeois l'ont tout comme les ouvriers ; mais la culture qu'ils ont reçue, leur donne la force de le refouler assez pour être capables d'écouter la voix de la raison. Sans culture, livré aux impulsions rudimentaires de la nature, le prolétariat est incapable de cette self-répression ; et il donne cours comme il le peut à ses instincts anti-sociaux, en changeant le plus souvent possible d'hommes de confiance (1). Un propagandiste est-il condamné à la prison parce que dans un discours il est, suivant la locution en usage, « allé trop loin », les militants, au lieu de s'indigner contre le pouvoir, tournent leur mécontentement contre la victime : « Pourquoi aussi est-il allé trop loin ? disent-ils ; il n'avait qu'à mieux se contenir. » Au fond de leur cœur l'incarcération du leader leur apparaît comme une petite compensation à la gloire qu'on le laisse acquérir en lui permettant d'être le porte-parole

(1) Dans la séance inaugurale d'une société révolutionnaire dont je faisais partie, on agita la question de la durée des fonctions du secrétaire. Un membre proposa de le renouveler tous les ans, mais l'assemblée aussitôt de se récrier, laisser aussi longtemps au même camarade de tels honneurs, cela ne pouvait se concevoir ; autant nommer tout de suite un roi alors. On descendit donc à six mois, puis à trois mois et on s'arrêta à un mois. Je n'ai pas besoin d'ajouter que l'association n'eut qu'une durée éphémère.

de la classe ouvrière. « C'est bien le moins qu'il encoure quelques ennuis ; autrement ce serait tout pour lui, alors. »

Entre simples adhérents la fraternité est loin de régner. On met bien la solidarité dans les statuts ; mais elle ne pénètre pas les cœurs. Là comme partout se vérifie la maxime des anciens : « Tant que tu seras heureux, tu compteras beaucoup d'amis, mais si ton ciel devient nuageux la solitude sera ton partage. » On fait bien une fois une collecte pour un camarade tombé dans la misère ; mais il faut qu'il se relève vite, autrement les portes amies se ferment une à une devant lui. Au point de vue moral c'est dans ces milieux un entre-déchirement perpétuel ; les cancans forment l'objet principal des conversations particulières. Celui-ci n'est pas sincère, celui-là est ambitieux, et personne n'est sincère et tout le monde est ambitieux. Apprend-on une belle action de tel camarade, vite on s'ingénie à lui découvrir de vilains mobiles. La série des potins est naturellement interminable, les modestes logis, le menu mobilier, la famille sont étalés, disséqués, critiqués ; les relations sexuelles hors mariage sont naturellement, qu'elles soient effectives ou seulement soupçonnées, un sujet inépuisable de commentaires (1).

(1) Voir Donnay et Descaves, *La Clairière*.

> Les gueux, les gueux
> Sont des malheureux,
> S'ils s'aimaient entre eux,
> Tout irait mieux,

chantait Jean-Baptiste Clément ; malheureusement, ils ne s'aiment pas ; aussi est-il probable que les choses continueront longtemps encore d'aller mal.

Il faut avoir un grand amour des honneurs pour accepter d'être trésorier dans une société populaire. Tôt ou tard le trésorier est accusé de vol. J'ai assisté à un jugement qui a pris six séances pour un détournement prétendu de *quatre francs*. Le trésorier incriminé aurait dû jeter les quatre francs à la figure des accusateurs ; mais c'était un homme sans culture, il prit la chose au grand sérieux et se défendit. Un comptable de profession fut commis à la vérification ; il rapporta pendant trois grands quart d'heure ; à la fin, on décida de passer à l'ordre du jour, mais la question ne put être résolue. Aussi y revint-on deux ans après ; naturellement quelqu'un ambitionnait la place du suspect. De nouveau il y eut contrôle, rapport, toujours pour ces maudits quatre francs. En fin de compte le malheureux trésorier devint fou, fut interné dans un asile et y mourut au bout de quelques mois. C'est incroyable, mais

c'est exact ; sa mort ne désarma pas ses ennemis. Comme au cours des disputes il avait traité
« d'arriviste » un de ses accusateurs, celui-ci de-
manda et obtint qu'il y ait une séance spéciale, où
l'affaire serait examinée à nouveau et particulièrement à fin de montrer que le défunt avait ca-
lomnié l'honorable militant en question en le
traitant « d'arriviste ».

Le secrétaire qui ne détient pas d'argent est
moins en but aux suspicions ; mais sa place est
loin d'être un lit de roses. A propos d'une convo-
cation qu'on n'a pas reçue ; d'un mot oublié au
procès-verbal, ce sont des récriminations perpé-
tuelles. Ces récriminations la plupart du temps
sont des pièges ; on veut la place du secrétaire
et on tâche d'établir sa négligence. De même les
délégations aux assemblées départementales
ou nationales sont pleines de périls. Ceux qui
n'aiment pas le délégué ou plus simplement
veulent le remplacer à la prochaine asssemblée
s'ingénient à démontrer qu'il a trahi ou dépassé
son mandat. Si le délégué n'a fait que voter (1),
il peut encore être tranquille ; mais s'il a pris
la parole, ses ennemis auront beau jeu. Aussi les
initiatives se trouvent-elles paralysées par la
crainte. Qu'importe l'intérêt général, si le pro-

(1) Les mandats sont presque toujours impératifs.

nant pour guide on outrepasse son mandat on sera brisé, il faudra être victorieux, encore n'est-il pas sûr que la victoire vous fasse trouver grâce. Pour conserver la confiance des camarades on s'abstient donc de toute initiative, on devient un insipide instrument.

Les députés des partis démocratiques ont tous passé par cette école néfaste ; aussi l'opposition de gauche d'aujourd'hui est-elle bien loin d'égaler la vigueur qu'avaient sous l'empire les députés républicains.

La justice des organisations ouvrières est très inférieure à celle des tribunaux, si imparfaite soit-elle. Les jugements des partis ne sont que des parodies de jugement ; toutes les questions y sont posées et agitées, même les plus étrangères à l'accusation ; la vie privée de l'accusé ; sa situation financière sont mises au jour à propos d'un mandat politique mal rempli, les calomnies les plus absurdes sont lancées et crues sans la moindre preuve. Dans sa défense l'accusé est interrompu à tout instant, souvent on couvre sa voix par des clameurs.

L'homme politique n'est pas estimé, on l'appelle volontiers politicien et c'est alors une injure. Dans l'esprit public le politicien est un homme sans caractère, sans honnêteté, qui ment constamment et sur qui on ne peut pas compter.

Ce type est réel la plupart du temps et il est l'ouvrage de la démocratie. Ainsi les hommes sont façonnés dans les partis populaires et il n'y a pas de moyen terme où l'individu s'adapte à ce type où il est brisé. Le peuple est en somme mal fondé à se plaindre de ses chefs ; il a les chefs qu'il mérite.

Dans des conditions pareilles les défaillances s'expliquent ; le trésorier se dit que puisque, quoi qu'il fasse, sa probité sera toujours suspectée autant voler effectivement. Le meneur de grève, vieux routier qui a depuis longtemps abandonné ses illusions, si tant est qu'il en ait jamais eu, se trouve tout disposé à accepter de l'argent pour une action médiatrice. De la vertu ; ah ! on ne lui en saurait aucun gré, il le sait bien ; alors pourquoi bouder à la bonne occasion qui se présente, elles ne sont pas tellement fréquentes les bonnes occasions. Qui pourra prouver qu'il a reçu de l'argent ; si l'on attaque sa conduite, il se défendra, cela ne l'épouvante pas, il en a vu d'autres !

Il en est qui sont allés jusqu'à l'ignominie ; ils se sont faits pour une menue mensualité agents provocateurs de la police. Certes l'idée de les excuser ne sera jamais en mon esprit, mais la mentalité du milieu suffit à expliquer leur abominable conduite.

Cette conduite, au reste, il s'est trouvé une doctrine pour la justifier. Certains anarchistes individualistes, en effet, prétendent que l'intérêt matériel devant passer avant tout, il n'y a pas à hésiter à dénoncer les camarades si quelqu'un propose de vous payer pour cela. Avec une pareille doctrine toute action collective est condamnée d'avance.

Les socialistes soutiennent que la capacité révolutionnaire d'un prolétariat est en raison directe de son bien-être. C'est ce que nous avons appelé dans une étude antérieure (1) une vérité politique. L'idéal de justice sociale étant trop peu accessible aux masses, force est à leurs conducteurs de leur faire entrevoir, pour susciter leur énergie, quelques améliorations faciles à conquérir. L'ouvrier à qui l'on promet de faire augmenter de dix sous son salaire journalier comprend et s'enrôle; il ne s'enrôlerait pas si on lui parlait de transformer la société. Aussi les plus révolutionnaires des organisations se montrent-elles, dans la pratique, des réformistes; elles ne peuvent faire autrement. Une fois l'ouvrier enrôlé, il faut cependant tâcher d'en faire un révolutionnaire; alors des réformes et de la révolution on fait un système; le système est

____

(1) *Philosophie sociale.*

parfaitement incohérent ; mais la masse l'accepte parce qu'il satisfait ses désirs et les théoriciens finissent par se laisser prendre à leur propre jeu et à se nourrir eux-mêmes de l'aliment qu'ils destinaient aux estomacs grossiers des ouvriers incultes.

Ce qui, à première vue, porterait à croire qu'en effet bien-être et révolte vont de pair, c'est qu'en moyenne les effectifs du parti socialiste et de la C. G. T. sont formés d'ouvriers à hauts salaires. La clientèle des asiles de nuit n'est pas révolutionnaire. Le mendiant, tel un animal, ne voit guère au delà du morceau de pain à conquérir ; il a bien trop peu d'énergie pour songer à la révolte, trop peu de clairvoyance pour désirer une transformation sociale. L'ouvrier à petit salaire est lui aussi un résigné ; logé dans un taudis au milieu de nombreux enfants ; il ne pense qu'à boire et à engendrer. En général il est réfractaire au syndicat ; payer ses cotisations lui semblerait un gaspillage ; il préfère avoir quelques litres de vin en plus. Quant à ses opinions, elles sont le plus souvent anti-socialistes ; car sa jalousie se tourne plutôt contre l'ouvrier mieux payé et plus intelligent que lui qui se syndique et stupidement il se poserait volontiers en défenseur de l'ordre social.

L'ouvrier intelligent est syndiqué ; il va au

parti socialiste et lit le journal de son opinion ; en est-il plus révolutionnaire ; qui le connaît a de fortes raisons d'en douter. C'est bien plutôt une distraction, une vie intellectuelle qu'il vient chercher dans les organisations politiques et corporatives. Lorsque le pain est à peu près assuré, l'homme se sent des besoins intellectuels et moraux, il recherche une activité qui ne soit pas le travail professionnel. Certains apprennent la musique et se mettent d'une chorale ; d'autres font des vers qu'ils lisent à leurs amis ; d'autres enfin font de la politique et comme ils se rendent compte des raisons de leur condition, ils vont naturellement au parti de leur classe.

C'est sans régret qu'ils versent leur cotisation, sans peine qu'ils se lèvent de table sitôt le dîné terminé pour se rendre à une réunion ; c'est même avec plaisir que l'ouvrier va dans ses sociétés lorsqu'il a réussi à y acquérir une certaine influence. Malgré tout cependant la vie matérielle reste au premier plan de son esprit ; il tient à ses meubles, à son linge ; il se prive parfois du nécessaire pour acheter à crédit une chambre à coucher qu'il montrera avec orgueil aux camarades.

A l'intellectuel habitué à la vie libre, la condition de l'ouvrier apparaît affreuse. L'intellectuel travaillé parfois plus que l'ouvrier ; mais il peut suspendre ses occupations lorsqu'il le veut, il n'est pas un esclave. L'ouvrier, lui, doit se rendre à son travail tous les matins, qu'il soit ou non disposé, et travailler jusqu'au soir à une besogne abrutissante, toujours la même ; la cloche règle ses entrées et ses sorties de l'ateliér.

De cette misérable condition cependant, lui-même ne s'en aperçoit pas. A la minute qui précède la sortie des grandes usines, on voit les ouvriers massés derrièto la porte ; ils n'osent faire un pas en avant ; mais le premier coup de la cloche patronale sonne ; alors c'ést une ruéc dehors ; on dirait que le feu est à l'usine. J'ai souvent eu ce spectacle sous les yeux et lorsque je voyais ces hommes courir ainsi, je me disais que c'est en vain que l'on fait d'eux des citoyens ; la livrée de l'esclavage a pénétré jusqu'à leur chair.

On peut dire de l'ouvrier qu'il est en quelque sorte une machine à travail ; son cerveau est rempli de callosités tout comme ses mains ; les mains manient les outils et le cerveau a *besoin* de les diriger dans ces mouvements rythmiques de la besogne journalière. Les classes dirigeantes n'ont pas fait qu'exploiter les classes pauvres, elles les ont pétries à leur volonté, elles en ont fait des instruments à leur usage. Le travail, l'ouvrier ne le subit pas ; il le demande ; un chômage survient-il, il ne sait plus que faire de sa personne. La lecture ne saurait l'occuper assez ; il lit bien un quart d'heure, mais il est incapable des longues lectures de l'intellectuel ; même les romans intéressants ne l'entraînent pas ; souvent, après avoir lu quelques pages, il s'endort. Il va bien chez le marchand de vin, à la promenade ; mais tout cela ne saurait remplir la vie. Aussi au bout de quelques jours de repos appelle-t-il de tous ses vœux le travail et dans cet appel il ne faut pas voir seulement l'intérêt pécuniaire ; le travail est devenu nécessaire à la vie mentale de l'ouvrier.

Aussi l'évangile de la révolte est-il presque entièrement l'œuvre des intellectuels. Les uns, issus des classes dirigeantes, viennent au socialisme à la suite de revers de fortune. D'autres, enfants d'élite du prolétariat, y viennent après avoir vu leur intelligence et leur savoir méconnus. D'autres jeunes bourgeois sans scrupules y voient un avenir personnel. Un très petit nombre, tout en se trouvant parmi les favorisés de la fortune, y viennent dans un sincère désir de justice. Mais sincères ou non tous ces gens placés en dehors de l'esclavage le voient tel qu'il est et ils trouvent pour s'en indigner les accents qu'il faut.

C'est ce qui fait que, malgré toutes ses préventions le prolétariat révolutionnaire subit quand même l'ascendant des intellectuels. Il ne les aime pas, certes ; d'abord leur supériorité qu'il sent tout de même lui porte ombrage et, en outre, il sait par expérience combien est problématique leur fidélité. Nous l'avons dit, la République est un régime à soupapes ; l'intellectuel que son influence sur les ouvriers rend dangereux pour le régime est fatalement, sous une forme ou sous une autre, happé par les dirigeants, et il cède parce que les tentations du pouvoir sont bien puissantes sur un homme chez qui quelques années de vie militante ont détruit toute conviction. Confusément le prolétariat révolutionnaire sent donc qu'en prenant l'intellectuel il introduit le loup dans la bergerie et cependant il le prend quand même, parce que lui seul sait dire les mots nécessaires pour secouer de temps en temps la torpeur prolétarienne.

La bourgeoisie qui fit la grande Révolution était dans une situation économique très florissante ; on pourrait à première vue en conclure que de même un plus grand bien-être conduira le prolétariat à bouleverser l'ordre social. En réalité, les choses ne sont pas comparables ; jamais le prolétariat qui forme la majorité ne pourra jouir d'une situation matérielle approchant, même de loin, de celle de la bourgeoisie au xviiie siècle, Certes, le bien-être favorise l'ambition ; mais seulement lorsqu'il est allié à une culture intellectuelle élevée.

Né dans la médiocrité l'ouvrier ignore tout d'une vie plus haute et il ne la désire pas. L'inégalité sociale ne le révolte pas (1), il est sans fierté et ce seulement à quoi il aspire c'est à un peu plus de bien-être.

Les dirigeants le savent bien, aussi protègentils les mutualités, les sociétés de secours, les spéculateurs qui vendent à tempérament de minuscules lopins de terre destinés à faire courir toute leur vie les ouvriers après une propriété illusoire.

La bourgeoisie retarderait sûrement et pour une longue suite d'années la révolution si elle faisait avec sincérité sa nuit du 4 août ; si elle consentait à prélever sur ses revenus de forts impôts qui permettraient la création d'institutions sociales enrayant la misère ; si elle se résignait en outre à payer aux ouvriers des salaires capables de leur assurer la vie dans des conditions suffisantes. Le comprendra-t-elle assez pour y consentir ?

(1) Ici nous ne considérons que la masse ; nous ne préjugeons pas, bien entendu, des individualités.

CHAPITRE IV

LA RÉVOLUTION EST-ELLE DÉSIRABLE ?

Pour les gens peu réfléchis qui naturellement forment la masse, le mot de révolution ne saurait évoquer autre chose que l'horreur.

Les classes dirigeantes donnent le ton à l'opinion ; ce sont elles qui écrivent et, comme elles ne peuvent que perdre aux bouleversements sociaux, elles ont peint aux plus noires couleurs les révolutions du passé. Il pourrait certes ne pas en être ainsi, attendu que ce sont précisément les révolutions du passé, surtout la grande, qui ont mis à la place qu'elles occupent les classes dirigeantes actuelles. Mais la reconnaissance, rare chez les individus, l'est plus encore dans les collectivités ; le moyen dont on a profité est une fois le profit définitivement acquis un mauvais moyen ; s'il peut servir à d'autres contre soi il devient alors un moyen exécrable.

Les classes pauvres dont les intérêts sont opposés à ceux des classes dirigeantes ne devraient pas, *a priori*, être influençables par elles ; elles le sont cependant. Combien de gens, abstraction faite des classes, ne voient dans toute la grande Révolution que la guillotine. La Révolution, il est vrai, a fait de nombreuses victimes ; mais pas tant qu'on pourrait croire. Au grand maximum on peut évaluer à *dix mille* le nombre de ceux qu'ont fait périr en *plusieurs années* les tribunaux révolutionnaires et les diverses journées de massacre. La répression versaillaise a tué *trente-cinq mille personnes en quelques jours* et c'est à peine si on en parle.

Les classes dirigeantes, en effet, sont les seules cultivées ; aussi les victimes de 1793 ont-elles fait répandre des flots d'encre. En prose, en vers on a fixé pour des siècles les épouvantements des jeunes condamnées « qui ne veulent pas mourir encore » ; l'angoisse de Chénier aux appels du guichetier dans « le long corridor sombre », et nous frissonnons plus d'un siècle après les événements à la lecture des mémoires où les gens d'alors ont décrit leurs terreurs.

Les Fédérés, eux, n'avaient ni poètes ni prosateurs. Les hommes d'ordre de la Semaine Sanglante ne leur ont pas même donné ce fantôme de tribunal que le Comité du Salut Public accordait aux suspects. Arrêtés, on les poussait en tas dans une cour, dans un jardin, le long d'un mur et on les fusillait pêle-mêle. Des adversaires de la Commune ont péri ainsi au milieu des insurgés : on a tué des gens que l'on prenait pour d'autres ; un homme qui vit encore aujourd'hui, m'a dit avoir été fusillé deux fois par les soldats de l'ordre. Un peintre a fixé sur la toile un épisode de ce massacre effroyable. Contre un mur est acculée la foule dont on va faire un charnier ; gens de tout sexe et de tout âge en vêtements dépenaillés. Dans un coin, un géant à ventre énorme, aux longs cheveux embroussaillés. Il se tient droit, les yeux fixes, les bras croisés sur la poitrine ; il paraît brave, mais présente un je ne sais quoi de ridicule. C'est quelque cordonnier poète que son rêve d'une société parfaite a conduit là. Ah ! il la croyait facile l'instauration de la société de justice ; en pensée je l'entends discourir ; j'en ai entendu tant d'autres. En quelques heures le monde capitaliste devait être retourné comme une crêpe ; on instaurait l'anarchie ; plus de gouvernement, plus de police ; plus de distinction entre les hommes ; et chacun, régénéré en un clin d'œil par la disparition de la

propriété individuelle devenait un sage citoyen
de l'anarchie prêt à prendre sa part de l'œuvre
commune. Il exposait tout cela soit dans son
échoppe en martelant les savates ; soit au comp-
toir du marchand de vin. En homme qui a le
sens des réalités il convenait qu'il y aurait
après le triomphe du prolétariat une période de
désordre ; il la fixait à trois jours, trois jours de
saturnales pendant lesquels les vainqueurs certainement se vautreraient dans la crapule, mais
après ces trois jours ce serait l'harmonie.
Pauvre homme, il va être cruellement puni
de ses enfantillages.

A côté du géant est une femme minable aux
vêtements de laquelle s'accroche un enfant hor-
rifié ; plus loin des personnages quelconques : les
uns résolus, les autres convulsés par la peur ;
devant, les soldats ; et, la gueule tournée vers
les malheureux, deux canons.

On sent que c'est bien là la foule anonyme,
vagues humanités que l'on peut anéantir sans
crainte, personne ne devant jamais en demander
compte. Les révolutionnaires ont bien, il est
vrai, quelques écrivains ; mais leur clientèle na-
turelle, abêtie de travail et d'alcool, sans culture, sans énergie cérébrale ne les lit guère.
Passive, elle se laisse imprégner de l'opinion de
ses ennemis qui lui arrive par l'école, les livres

de prix, les romans à bon marché et les propos colportés de l'un à l'autre.

Les révolutions sont toujours accompagnées de violences, mais ces violences ne sont pas la révolution elle-même ; elles ne sont que les moyens sans lesquels les partisans du *statu quo* ne la laisseraient pas s'accomplir.

Tous ou presque tous les progrès sociaux ont été l'œuvre des révolutions. C'est au cours des révolutions que leur nécessité s'est affirmée avec le plus de force ; alors même que les révolutions ont été vaincues, les réformes de progrès qu'elles n'ont pu accomplir se sont réalisées plus tard. Toutes les améliorations apportées par la troisième République à la condition du peuple avaient été soit établies, soit discutées lors de la grande Révolution et la grande Révolution était allée même beaucoup plus loin que la troisième République n'a encore osé aller jusqu'à présent.

C'est que les révolutions sont de grands stimulants de la pensée et de l'énergie humaines. De notre temps la moindre idée de progrès social fait jeter les hauts cris aux gens timorés qui forment la majorité. J'ai entendu dans un banquet politique un sénateur, M. Gustave Rivet, se féliciter d'avoir enfin réussi à faire voter par le Sénat son projet de loi sur la recherche de la paternité qu'il avait déposé pour la première fois *quarante ans* auparavant. Le nombre des gens qui trouvent des raisons de ne pas agir est infiniment supérieur à celui des hommes d'action. « Qu'arriverait-il ? » « Quelles seraient les conséquences ? » C'est le saut dans l'inconnu ». Tels sont les clichés que l'on oppose à toute idée nouvelle si petite soit-elle. Les partis les plus avancés, les socialistes, les anarchistes sont, si invraisemblable que cela paraisse, tout aussi misonéistes que les partis rétrogrades ; leur système social mis à part, ce sont des esprits fermés vivant et pensant comme leur milieu. Ils croient indispensable de s'habiller comme tout le monde, de se meubler comme tout le monde ; on suscite leur indignation lorsqu'on leur fait entrevoir comme possible un changement dans les mœurs ; ils n'ont pas encore admis l'émancipation de la femme.

En temps de révolution c'est, dans une grande mesure tout au moins, le philonéisme qui règne. Plus de préjugés, d'idées reçues, d'entraves intellectuelles d'aucune sorte (1).

(1) Ceci bien entendu n'est vrai que comparativement aux époques de calme. La révolution ne saurait faire dans les esprits la table rase ; la plupart même des idées anciennes subsistent et les réformes ne s'effectuent pas sans luttes. Seulement les esprits sont infiniment plus accessibles aux progrès qu'en temps de paix intérieure.

Le même homme qui, en temps normal, se demande craintivement : « Qu'arriverait-il ? » répond en temps de révolution par un audacieux « Pourquoi pas ? » à toutes les questions. Certes, au fond, les facultés humaines restent ce qu'elles sont et sur les millions de cerveaux que les événements ont mis en marche, il en est bien peu qui mettent au jour quelque chose de vraiment utile. La routine, œuvre des générations, est souvent même plus sage que les originalités des esprits faibles du commun des hommes. La première Révolution ayant entrepris la déchristianisation de la France le peuple remplaça les offices cultuels par les saturnales de la déesse Raison. Mais si la masse des hommes n'agit avec sagesse qu'à la condition de ne pas penser par elle-même, il reste l'élite qui, elle, n'est pas ainsi ; or, en temps calme, cette élite dort comme tout le reste. Le savant exerce son intelligence dans la spécialité qu'il étudie ; sorti de cette spécialité, il n'extériorise que des lieux communs ; il en est de même du littérateur, de l'homme politique,

Les femmes à qui il est si difficile de faire comprendre la cause des malheurs dont elles se plaignent, la trouvent tout de suite en temps de révolution. Durant tout le XIXe siècle le féminisme ne s'est guère développé qu'aux époques troublées et lors de la première Révolution il a su formuler toutes ses revendications.

les gens qui pensent par eux-mêmes se comptent par unités. En temps de révolution l'élite sociale remet tout en question et de ses discussions des conceptions heureuses surgissent qui peuvent passer dans la pratique si le parti qui a fait la révolution est victorieux. On a dit avec raison que la guerre, en dépit de ses horreurs, avait l'avantage de stimuler les énergies ; la révolution fait plus encore, car outre le courage physique, elle suscite et le courage moral et l'intelligence elle-même. Il est fâcheux que pour vivre d'une vie supérieure les hommes aient besoin de s'entre-tuer, mais qu'y faire ?

La révolution qui brasse pour ainsi dire les idées brasse aussi les hommes. Quel que soit le régime, en temps de paix, les cadres sociaux sont rigides, le principe *the right man at the right place* est très rarement appliqué. Le bien général n'est presque jamais un moteur personnel ; bien plus que de la fonction les gens au pouvoir se préoccupent du fonctionnaire et celui qui est placé pense avant toute chose à placer ses parents et ses amis ; si le right man n'est pas né où il faut, il y a bien des chances pour qu'il n'atteigne jamais la right place. En régime démocratique il y a bien des institutions établies dans le but de laisser les situations accessibles à tous les mérites mais les institutions sont comme les lois ; quand elles gênent on les tourne, opération qui se fait le plus aisément du monde quand on est puissant. La masse ne proteste jamais ; elle ne saurait protester pour une question qui n'est jamais chaque fois qu'une question de personne et la question d'une personne qui prétend s'élever à une situation jusqu'où elle-même la masse n'oserait pas rêver d'atteindre.

La révolution fait maison nette, elle crée des places libres et ceux qui réussissent à les obtenir sont souvent des hommes supérieurs. Les Augereau, les Hoche, les Murat, les Ney dont la grande Révolution a fait des généraux n'étaient que des garçons d'auberge, des peintres en bâtiment sous l'ancien régime : la société d'alors les avait placés à ses derniers rangs. Hoche utilisait pour étudier la lueur du four de son père le boulanger ; qu'adviendrait-il aujourd'hui du jeune homme, de la jeune fille qui se seraient instruits dans de pareilles conditions ? Ils ne trouveraient que le dédain de ploutocrates modernes ; la révolution crée des périodes pendant lesquelles on peut sans trop se leurrer croire au travail et à l'effort.

Le renouvellement des cadres sociaux que permet la révolution ne fait pas que rendre justice aux individus, il sert l'intérêt général. D'abord je l'ai dit, il y a des chances pour que la personne qui a réussi à gravir les échelons sociaux soit une individualité supérieure ; en outre, la nouveauté de sa condition est un sûr garant de son activité. Dans la science, dans l'art, dans la politique on se plaint souvent de l'inertie des pontifes qui ne savent que dormir sur le trône où on les a portés et ne sortent de leur inertie que pour foudroyer ceux qui la troublent. Cette inertie n'est pas toujours l'effet de l'âge ; elle est héréditaire, le jeune homme qui, par la grâce d'un père ou d'un oncle, atteint au *pontificat* a, en dépit de sa jeunesse, de vieilles idées. Ces idées d'ailleurs ne sont pas les résultats de sa pensée personnelle ; elles ne sont qu'une discipline établie pour la protection de l'oligarchie nantie. Naturellement cette discipline le nouveau promu, si jeune soit-il, se garde de l'enfreindre ; il sait qu'il ne se maintiendra qu'à la condition d'obéir et le plus souvent comme il a sa jeunesse à se faire pardonner, loin de vouloir aller de l'avant, il renchérit encore sur le traditionalisme des vieux.

L'homme nouveau, lui, n'est pas entravé par de pareilles contingences ; il y a donc des chances pour qu'il réussisse à faire quelque chose là où les hommes anciens ne peuvent rien. Malheureusement, les nouveaux cadres ne restent pas toujours nouveaux ; ils vieillissent et prennent un à un tous les défauts de leurs prédécesseurs. La possibilité pour les humbles de parvenir aux plus hautes places sous la grande Révolution n'exista que pendant quelques années. Dès les premières années de l'Empire, déjà, les cadres sociaux étaient fixés à nouveau ; les simples soldats ne devenaient plus généraux ; une nouvelle aristocratie s'était constituée et elle relevait les barrières de l'ancienne afin de conserver les honneurs et les privilèges pour elle et ses descendants.

La justice n'est pas de ce monde, disent les religieux ; comme je ne connais, moi, que ce monde-ci, je dirai qu'elle n'est nulle part. Quand on me prend ma hutte, dit le sauvage, on fait mal ; mais lorsque je prends la hutte d'un autre, je fais bien. Dans ces quelques mots tient la morale de l'humanité tout entière ; la seule morale qui soit vraie, puisque c'est d'après elle que nous agissons ; la morale altruiste nous la mettons dans les livres et dans les paroles afin d'amener les autres à la pratiquer à notre avantage. Celui qui est lésé invoque la justice (1) ; mais dès que justice lui est faite, il est injuste à son tour. Les généraux, les diplomates, les politiques les savants du premier

_____

(1) Le cri de justice est un cri de vaincu (Clémenceau).

Empire avaient tous dans leur jeunesse lu Jean-
Jacques Rousseau et ils s'étaient indignés avec
lui de l'inégalité des conditions : une fois pourvus, ils virent les choses avec d'autres yeux.
Que leur importait dès lors l'équité, l'intérêt général; ils aimaient leurs enfants mieux que
leurs collatéraux, leurs collatéraux mieux que
leurs amis, leurs amis, mieux que les in-
connus (1). La première place dont ils disposè-
rent furent donc pour leur fils ; puis les enfants
pourvus ils songèrent aux neveux et ainsi de
suite. Naturellement tous ces gens placés au premier rang pour s'être donnés la peine de naître
n'étaient pas toujours capables, mais qu'importait.

Tel est le cœur humain, tel il a été et tel il
sera ; toujours des oligarchies s'attribueront quel
que soit le régime le pouvoir et ses avantages et
elles gouverneront dans leur intérêt propre
contre l'intérêt du plus grand nombre. Aussi les
révolutions sont-elles indispensables ; elles permettent pour le plus grand bien social de réaliser de temps à autre en période troublée cette
justice impossible à l'état normal.

(1) Bien entendu, ceci ne vaut que pour la généra-
lité parfois l'ordre est renversé mais cela n'importe
pas.

En même temps qu'elles stimulent les intelli
gences, les révolutions élèvent les caractères. La
première République, au cours de laquelle se
perpétrèrent tant de meurtres politiques, vit très
peu de crimes de droit commun. Le paysan
n'empoisonnait plus son vieux père pour hériter
plus vite ; le mari n'assassinait plus sa femme
pour en épouser une plus riche ; le rôdeur
n'assommait plus pour lui dérober sa bourse le
passant attardé. La fraternité que l'on avait ins-
crite partout se trouvait aussi, en quelque
mesure, dans les cœurs ; le tien et le mien étaient
moins agressifs. Dans la rue on dressait de
longues tables pour des repas communs ; l'un
apportait de la viande, un autre du vin, un autre
des fruits ou des légumes ; certains n'ayant rien
ne pouvaient rien apporter, ils mangeaient tout
de même ; les hommes semblaient avoir fait
trêve à leur mesquinerie ordinaire.

Malgré toutes les horreurs qui les accom-
pagnent, les révolutions sont quand même de
belles époques. Certes, on ne peut souhaiter les
voir constamment. la continuité d'ailleurs leur
ferait perdre tous leurs avantages ; mais ceux
qui les ont vues une fois dans leur vie ne le
regrettent pas. Ils ont eu peur à certains moments,
mais en somme ils ont vécu d'une vie plus haute.
Aussi le calme revenu, c'est presque toujours

l'époque troublée qui alimente leur conversation ; c'est vers elle que leur mémoire se reporte ; elle est comme le seul point lumineux de toute une existence monotone et terne. Affaiblis par l'âge, confinés dans un fauteuil par les infirmités, c'est encore elle qu'ils racontent et leurs enfants et petits enfants, peu empressés d'ordinaire autour du vieillard maussade et radoteur, sont alors tout attention et, malgré les malheurs retracés par l'ancêtre, la misère éprouvée, l'angoisse des jours d'émeute, la frayeur d'une arrestation imminente, ils se disent au fond d'eux-mêmes, les descendants, que leur vieux parent a eu de la chance d'avoir pu assister à tout ce qu'il décrit. Car elle est profondément vraie, la réflexion que Voltaire met dans la bouche de la vieille (1) qui, après les pires tribulations, a atteint le port : « Je voudrais savoir lequel est le pire d'être pendu dans un autodafé, d'être disséqué, de ramer en galère, d'éprouver enfin toutes les misères par lesquelles nous avons passé au lieu de rester ici à ne rien faire ? C'est une grande question, dit Candide. »

La révolution sociale qui, victorieuse, remplacerait la société capitaliste présente par une société collectiviste, ne présenterait pas seulement

(1) Candide.

les avantages communs à toutes les époques troublées. Le bien qu'elle ferait serait définitif, puisqu'elle donnerait à tous les humains la sécurité quant à leur vie matérielle.

On peut, lorsque l'on est privilégié, désirer que la société qui nous a donné le privilège dure le plus possible; on peut même, par un intérêt explicable sinon justifié, combattre ceux qui veulent changer l'ordre de choses dont on bénéficie; mais quiconque est capable de s'abstraire un instant de son moi ne peut pas ne pas admettre qu'une société qui assurerait l'existence de tous ses membres serait supérieure à celle dans laquelle les individus sont à la merci des circonstances.

Avec la distribution actuelle de la richesse, on arrive à ce résultat paradoxal que l'accroissement de la production au lieu d'accroître le bien-être des producteurs le diminue tout au contraire; plus il y a de chaussures, plus la majorité des gens est mal chaussée. Dans le collectivisme la loi de l'offre et de la demande, n'existe plus les progrès de la production profitent à tout le monde; ils permettent soit d'augmenter le confort, soit de diminuer le temps de travail.

Il ne faut pas se dissimuler cependant que le collectivisme n'aura rien d'un paradis de fraternité; pour croire le contraire il faut être un rêveur et ne pas connaître les hommes. Il est très probable que durant de très longues années tout au moins, alors même que l'on serait arrivé à faire fonctionner le collectivisme de manière à assurer le nécessaire à chacun, les individus auront encore beaucoup à souffrir. On ne manquera pas de pain, mais on endurera des peines morales de toute nature. C'est une erreur de penser que tous les dissentiments qui surgissent entre les hommes ont leur origine dans l'opposition des intérêts matériels. La *volonté de puissance* a en chacun de nous une force telle que souvent les intérêts matériels les plus immédiats cèdent devant elle. Le cas du corbeau qui laisse tomber son fromage, pour faire admirer son ramage au renard complimenteur, est constant dans l'humanité. Nous ne nous contentons pas de triompher des concurrents au point de vue matériel, nous voulons que les autres reconnaissent notre supériorité et avouent leur infériorité ; et lorsqu'ils s'y opposent nous tâchons, par tous les moyens en notre pouvoir, de les y contraindre. Rares sont les hommes qui peuvent vivre ensemble ; la famille ne tient que par le lien légal, et souvent on ne s'y aime guère. Les ateliers, les bureaux sont le siège de discordes constantes entre leur personnel ; il y a des fonctionnaires qui passent leur vie à s'épier les uns les autres pour se surprendre en faute et se dénoncer aux chefs (1). Et cependant dans la société présente le lien social est lâche ; dans les bureaux, les magasins, les usines, les individus ne sont pour ainsi dire que juxtaposés ; chacun y vient pour gagner un salaire et, son argent touché, il rentre chez lui et s'arrange comme il le veut. Qu'arrivera-t-il lorsque l'individu, alors véritable cellule sociale, appartiendra corps et âme à l'ensemble et aura pour premier devoir d'assurer la prospérité du pays ?

Certes, dans l'antagonisme actuel des hommes la part de l'intérêt est grande, si l'employé jalouse son collègue, s'il l'espionne, c'est ou bien qu'il veut posséder avant lui le grade supérieur, ou bien qu'il ne lui pardonne pas de l'avoir dépassé. Mais la question matérielle supprimée, on se détestera quand même ; chacun voudra triompher et fouler les autres aux pieds. Les anarchistes qui croient qu'un jour l'humanité pourra vivre en harmonie sans prisons et sans autorité connaissent bien mal le cœur humain. Fourrier, bien qu'il ait vécu isolé, le connaissait beaucoup mieux ; aussi, dans sa société, fit-il une place à la *cabaliste*, penchant naturel du cœur humain à la discorde. Mais où Fourrier s'est montré lui aussi

(1) Voir E. Zola, *La bête humaine.*

un utopiste, c'est d'avoir pu croire que les passions pouvaient se laisser canaliser, de penser que l'Etat pouvait décréter que l'on caballerait dans tel endroit et papillonnerait dans tel autre ; la première loi des passions c'est d'être réfractaires aux lois.

Toute originalité de l'esprit ou des allures sera prétexte à persécutions, tout ce que nous savons de l'humanité permet de le prévoir, dans la société collectiviste. Présentement déjà l'homme qui n'est pas « comme les autres » a beaucoup à souffrir ; mais la forme individualiste de notre état social lui permet tout de même d'exister D'abord s'il est riche, on lui pardonne ses singularités ; qui plus est même on les acclame comme des marques de supériorité intellectuelle. S'il est pauvre, la situation est tout autre ; il a toute la société contre lui et c'est à qui lui enlèvera les moyens de vivre ; mais enfin, s'il a peu de besoins, il lui reste la ressource de s'isoler ; dans sa mansarde, la porte fermée il est chez lui. Dans la société collectiviste on ne pourra plus fermer sa porte (1) ; chacun à toute heure pourra entrer et alors malheur à l'original : il n'aura

(1) Il faut entendre ceci au figuré ; il ne s'agit pas de la porte d'une chambre, c'est la porte de sa vie qu'on ne pourra plus fermer.

d'autre alternative que de se soumettre ou de se démettre, le triste niveau de la commune médiocrité passera sur chacun.

Certes, il est au sein de l'humanité une élite d'esprits supérieurs qui comprennent le caractère sacré de la liberté individuelle ; et il n'y a aucune raison pour que cette élite ne se retrouve pas dans la société collectiviste. Mais le gouvernement de la masse n'est pas favorable à l'éclosion des caractères. Déjà la démocratie politique ravale les énergies ; elle favorise l'adresse, la duplicité, la diplomatie tortueuse ; les hommes sincères et courageux qui vont droit au but y sont brisés. Que sera-ce lorsque tout ; l'atelier et le bureau comme l'État sera démocratisé ? Les intelligencees d'élite, cela est plus que probable, renonceront au rôle dangereux de libératrices des esprits : elles préféreront s'employer à découvrir les moyens d'amadouer la brute inconsciente afin d'en tirer le plus possible de profits personnels.

Le fonctionnement matériel de la société collectiviste ne sera pas lui non plus sans à coups. La sagesse des nations dit avec raison que « l'œil du maître engraisse le cheval ». L'ouvrier, l'employé, le fonctionnaire remplissent à peu près la tâche pour laquelle on les paye parce qu'ils craignent d'être chassés et réduits à la misère. Mais déjà dans les services monopolisés et surtout dans les administrations de l'Etat, la production est très inférieure à celle des établissements particuliers. C'est que le chef hiérarchique n'y est pas le maître ; il faut certainement qu'il assure le service ; mais il faut aussi qu'il ne déplaise pas trop à ses subordonnés. S'il se montre trop rigoureux, les subordonnés se plaindront et c'est lui qui sera sacrifié (1). Aussi du haut en bas de la hiérarchie le mot d'ordre est-il le même ; pas d'histoire ; le chef adopte l'attitude moyenne qui ne mecontente personne et naturellement le service s'en ressent, il est médiocre.

Il est pire encore dans les coopératives ouvrières, où la hiérarchie ne peut pas être sérieuse. Les coopératives de production n'ont qu'une durée éphémère ; celles de consommation ont mieux réussi ; mais pour quelques-unes qui sont florissantes, combien ne font que végéter quelques années au milieu de querelles continuelles pour aboutir à la dissolution (2).

(1) Le suffrage universel infériorise encore le rendement administratif. Le mauvais fonctionnaire fait la loi lorsqu'il est un électeur influent ; malgré des services défectueux il se maintient quand même et dans les promotions il passe avant le bon employé qu. est sans influence politique.

(2) Voir : *La Clairière*, de DESCAVES.

Comment concevoir d'après ces données l'atelier, l'usine, le bureau collectivistes ? Plus près de la réalité humaine que l'anarchie, le collectivisme n'abandonne pas la production à la conscience de chacun. Les salaires, dispensés sous la forme de bons de travail, sont en proportion de l'effort fourni ; celui qui travaillera peu devra se résigner à une vie médiocre. Mais que de difficultés pour arriver à répartir le travail ! Il y aura bien une hiérarchie, mais elle sera faible ; les chefs élus par leurs subordonnés n'auront que peu d'autorité. Certains socialistes ont déjà envisagé, si non dans leurs écrits, ils ne l'auraient osé, du moins dans les conversations, la nécessité, dès la victoire de la révolution collectiviste, d'une dictature terrible, avec la peine de mort pour les indisciplinés du travail. Mais de pareils moyens sont toujours dangereux à employer ; la direction ne peut jamais être qu'une poignée d'hommes ; la masse, contrainte par trop durement, peut s'en souvenir, et comme toujours elle est d'intelligence médiocre, elle peut fort bien, oubliant le but supérieur dans lequel la discipline est établie, se jeter, pour jouer un bon tour à la « dictature du prolétariat », dans les bras d'un César qui rétablirait le capitalisme (1).

(1) Voir E. ZOLA, *Travail*.

Ainsi la révolution sociale même victorieuse rencontrera les plus grandes difficultés dans l'accomplissement de sa tâche ; encore lui faudra-t-il tout d'abord vaincre, ce qui constituera entre toutes les difficultés la plus terrible. Remplacer un gouvernement par un autre est relativement aisé lorsque la situation s'y prête ; une fois que l'on a réussi à convaincre l'élite pensante, la masse finit toujours par accepter le fait accompli. Une révolution économique est bien autrement complexe. Au fond de son village le paysan se soucie peu d'un changement de gouvernement ; il ne connaissait pas les hommes du gouvernement précédent ; il ne connaît pas davantage ceux qui les remplacent, et tout cela se passe très loin. La révolution économique, elle, viendra le trouver chez lui ; elle bouleversera son genre de vie ; les résistances seront énormes. Avec raison Marx a dit que la concentration industrielle prépare le collectivisme ; mais cette concentration, pour être réelle, ne s'effectue pas aussi vite qu'il le pensait ; les progrès rapides que faisait de son temps le machinisme ont illusionné l'Auteur du *Capital.* D'après les faits qu'il avait sous les yeux, il a établi son système et son systeme, comme tous les systèmes, s'est trouvé n'envisager qu'une partie de la réalité.

Les classes moyennes ne disparaissent pas,

comme Marx l'avait annoncé ; elles ne font seulement que se transformer ; le petit industriel se meut en ingénieur au service de la grande industrie ; il est peut-être plus dépendant, mais il a moins de soucis et ses gains encore notables lui procurent la vie dans de très bonnes conditions ; content de son sort il est conservateur. Quant au petit commerce, il n'a pas diminué dans des proportions sensibles ; la petite boutique que le pauvre trouve à côté de chez lui, où il peut acheter au détail, répond à un besoin que les grandes entreprises n'ont pas encore réussi à satisfaire.

Il est permis de croire avec Marx que le capitalisme est condamné à disparaître. D'abord aucun système social n'est éternel ; les sociétés antiques basées sur l'esclavage ont passé ; la féodalité a passé, le capitalisme passera. Déjà la grande industrie, trouvant le monde civilisé trop petit cherche chez les peuples attardés des débouchés pour ses produits ; un temps viendra où il n'y aura plus de débouchés nouveaux ; alors la production ne pouvant retrouver son équilibre, subira une crise dont elle ne pourra sortir que par une transformation profonde de la société. Mais cette révolution fatale se fera attendre probablement des siècles, si des révolutions politiques, œuvres de la volonté

humaine, ne viennent pas en hâter l'avène-
ment.

Et quel sera le sort de ces révolutions si tant est
qu'il en survienne. Prendre le pouvoir est, nous
l'avons dit, relativement facile ; mais réaliser au
pouvoir le bien général est presque impossible ;
car on a contre soi les intérêts particuliers de gens
qui se trouvent être les plus influents. L'homme
d'Etat qui va contre ses intérêts est brisé ; on dé-
figure ses actes, on calomnie ses intentions(1) et,
pour avoir voulu être juste, il passe aux yeux de
ses contemporains, voire à ceux de la postérité,
pour un infâme. Combien de gens ne voient qu'un
monstre dans Marat, qui était en réalité un
homme parfaitement désintéressé. Il donnait
pour son journal *L'Ami du Peuple* une somme
énorme de travail et à sa mort on a trouvé chez
lui pour toute fortune un franc vingt-cinq cen-
times en assignats. Il s'habillait en homme du
peuple parce qu'il avait la conviction sincère de
l'égalité ; il ne voulait pas différer par l'extérieur
des gens dont il défendait la cause. Les lettres
de Marat à sa maîtresse sont d'un homme loyal ;
d'un homme comme il en est très peu ; car d'ordinaire l'homme le plus correct dans les relations sociales, se montre sans scrupules aucun

____

(1) JULES LEMAITRE, *Les Rois.*

dans sa conduite avec les femmes. Que d'injures (1) cependant n'a-t-on pas jeté à cet homme dont le principal tort a été d'être trop sincère, de se donner tout entier au peuple, lequel n'a eu pour lui que l'enthousiasme d'un jour. Robespierre et Saint-Just voulaient aussi sincèrement le bien général ; aussi, mis aux prises avec les difficultés que nous signalons, ils ne voyaient d'autre moyen que la mort pour déblayer le terrain de tous les profiteurs. Si terrible qu'il ait été, le remède s'est trouvé inefficace ; les malhonnêtes gens sont trop nombreux pour qu'on puisse espérer les détruire tous. En l'espèce, on le sait, les corruptibles finirent par se coaliser, et ils guillotinèrent l'Incorruptible et ses amis.

L'esprit humain est le même quelle que soit l'époque (2) ; il y a donc bien des chances pour

(1) On sait que Marat, bien que placé au premier plan de la Révolution, vivait à peu près en solitaire. Tous ses collègues de la Convention le haïssaient ; on couvrait sa voix lorsqu'il parlait. Seule sa sincérité lui attirait cette haine ; lui voulait le bien du peuple alors que la plupart des conventionnels feignaient seulement de le vouloir.

(2) Le progrès ne s'effectue que dans les acquisitions ; l'intelligence reste la même, Socrate valait bien M. Fouillée. Quant au progrès moral, il est très discutable ; la lutte pour la vie change de forme, mais l'homme d'aujour-

que ce qui s'est produit se produise à nouveau.

On se tromperait si on croyait devoir conclure
de cette étude au découragement absolu, à l'inu-
tilité de tout effort social. L'individu n'est pas
maître de faire ou de ne pas faire effort et
l'homme d'action qui renoncerait à l'action ne
ferait que se punir lui-même. La vie n'a pas de
but, parce que c'est elle-même qui est le but;
pour être agréable la vie a besoin d'être con-
quise. Le sauvage, l'homme ignorant et pauvre
la conquièrent sous la forme du pain de chaque
jour. L'homme intelligent et instruit la fait plus
grande; il y met l'univers à connaître, la société
à refaire; œuvre illusoire évidemment si on la
considère en elle-même; découvertes scienti-
fiques, systèmes philosophiques, doctrines politiques; le temps défera tout; mais qu'importe
au fond. Périssables nous-mêmes, nous ne sau-
rions faire que du périssable; il ne faut pas
demander à la vie ce qu'elle ne peut pas nous
donner.

d'hui reste comme celui d'autrefois un loup pour
l'homme.

TABLE DES MATIÈRES

—

SAINT-AMAND, CHER. — IMPRIMERIE BUSSIÈRE.